Segredos do Coração

Kahlil Gibran

Segredos do Coração

Tradução de Marcos Bagno

Apresentação de Safa Alferd Chahla Jubran

© *Copyright* 2001 – Editora Claridade Ltda
2010 – Em conformidade com a nova ortografia.

Todos os direitos desta edição reservados para:
Editora Claridade
Avenida Dom Pedro I, 840
01552-000 – São Paulo - SP
Tel./fax (11) 2061-9961
E-mail: claridade@claridade.com.br
www.claridade.com.br

Preparação de originais: **Rubens Nascimento**

Revisão: **Maurício Balthazar Leal**
Simone Luiza Costa Silberschimidt
Wilson Ryoji Imoto
Juliana Messias

Editoração eletrônica: **GAPP design** e **Viviane Santos**

Capa: **Viviane Santos** sobre o afresco A Entrada Triunfal de Jesus em Jerusalém (artista desconhecido).

ISBN 978-85-88386-94-5

DADOS PARA CATALOGAÇÃO

Kahlil Gibran (1883-1931)

Segredos do coração / Kahlil Gibran
Editora Claridade, São Paulo, 2001
192 p.

1. Literatura árabe   I. Autor   II. Título

CDD 895

Sumário

7 Prefácio
13 A Tempestade
27 Escravidão
31 Satã
43 As Sereias
47 Nós e Vocês
55 O Poeta
57 Cinzas das Eras e Fogo Eterno
69 Entre a Noite e o Amanhecer
79 Os Segredos do Coração
83 Meus Conterrâneos
89 João, o Louco
103 A Huri Encantada
107 O Amor Oculto
111 Morto está meu Povo
117 A Violeta Ambiciosa
121 O Crucificado
125 O Anoitecer da Festa
129 O Coveiro
133 Mel Envenenado
139 Iram, a Cidade dos Altos Pilares
163 O Dia de meu Nascimento
175 Contemplações na Tristeza
179 O Cortejo

Prefácio

Apesar de se terem passado quase setenta anos desde o lançamento deste volume em inglês – e muito mais desde a publicação de seu conteúdo original, em árabe, em livros e revistas –, este livro vem confirmar a atemporalidade dos temas e a genialidade de seu autor-profeta, Gibran, sempre atual e indispensável.

No entanto, não é mais necessário apresentar Gibran, pois faz mais de um século que o Oriente presenteou a Humanidade com esse investigador da alma humana, um poeta-filósofo que fez o mundo escutar suas palavras e confirmar que o Oriente é o berço das grandes profecias. Desde então, não se parou de falar em Gibran, um Gibran que, neste volume, é um autor diverso daquele de *O Profeta* – que o tornou conhecido mundialmente.

No presente volume, vemos um Gibran com ideias revolucionárias, dirigindo seus ataques, basicamente, à aristocracia e ao clero. Incita os homens a se rebelar contra a opressão e a ignorância, contra o ódio e a fraqueza; quer que as pessoas não deixem sua humanidade esmorecer nem enfraquecer. Seus ataques contra os usurpadores da liberdade e os maculadores da felicidade se dão por meio de metáforas e símbolos revestidos de lirismo, mas um lirismo que, de qualquer forma, não amortece a força de suas acusações.

Tanto nestes textos como em vários outros, a temática de Kahlil Gibran gira basicamente em torno do ser humano e do porquê de sua existência; em outras palavras, em torno da própria humanidade e de seu destino. Ao expressar seus pensamentos e sentimentos, seja por meio de poemas, parábolas e contos curtos – sempre envolvidos por um lirismo ímpar –, Gibran quer chegar a cada coração e a cada consciência, tocando-os como se fora o dedo de uma divindade. Dessa forma, ele consegue ser poderoso em sua ternura, assustador em sua calma e tremendo em sua simplicidade.

A simplicidade de seu estilo conferiu aos textos uma marca de atemporalidade e de universalidade, o que faz com que seus escritos, volta e meia, sejam traduzidos, lidos e relidos. Gibran expressa, geralmente, seus pontos de vista morais e espirituais mediante o uso de dicotomias, como, por exemplo, no conto "A tempestade", em que campo e cidade são confrontados; assim, pela voz do protagonista Yusif El-Fakhri – que abandonou a cidade para viver sozinho com a natureza, longe da hipocrisia da sociedade –, nota-se a idealização do campo e a demonização do meio urbano. O universo moral de Gibran é marcado por uma desconfiança radical em relação à sociedade, a suas leis e instituições, às quais atribui a destruição de tudo que é belo, espontâneo e natural no homem. Gibran acreditava que a verdadeira felicidade do espírito só pode ser alcançada por meio do distanciamento total da sociedade.

A decepção com a trajetória da Humanidade fez Gibran descrevê-la como a história sangrenta de uma escravidão contínua, como pode se verificar no texto "A Escravidão", pela voz do narrador: "*Sete mil anos se passaram desde o dia de meu primeiro nascimento, e desde então venho observando os escravos da Vida que arrastam seus pesados grilhões*". Outro mal que corrompe a sociedade, talvez o maior, segundo Gibran, é a hipocrisia, que dele recebe suas censuras mais amargas, como em "O Crucificado", ao descrever o comportamento das pessoas na Sexta-Feira Santa:

Prefácio

"Neste dia, a cada ano, a Humanidade acorda com o despertar da primavera e se põe de pé a chorar diante do Nazareno sofredor. Em seguida, ela fecha os olhos e se entrega a um sono profundo".

Os textos que compõem este volume, em sua maioria originalmente escritos e voltados para o leitor árabe, marcam, com seu estilo original, uma inovação naquela literatura, rompendo com as complexas e tradicionais regras da poesia árabe, seja na linguagem, na métrica ou na rima. Pela linguagem quase coloquial e pela simplicidade do discurso, Gibran é mais poeta em sua prosa rimada e ritmada. "João, o Louco" é um bom exemplo do gênero predileto do escritor – a prosa poética. Ressalte-se, contudo, que no último poema deste volume, "O Cortejo", Gibran, revisitando as formas clássicas, experimenta o modelo da *Qasida* (Ode), no qual constrói um diálogo metafórico entre a Velhice e a Juventude, sendo que em suas entrelinhas ouve-se a voz do próprio autor a expressar seus pensamentos, sugerindo que a salvação do Homem está na volta à Natureza. Vê-se aí evidente influência do ideal rousseauniano do "homem natural".

Embora universal em seus apelos e eterno em seus temas, alguns dos textos eram respostas diretas aos problemas de sua terra natal, o Líbano, tais como "Meus Conterrâneos" e "Morto está meu Povo". No primeiro, o autor, magoado, incita seus compatriotas a não se submeter com passiva indiferença, e o segundo representa um doloroso e revoltado lamento pela pátria que sofria as agruras da Primeira Guerra Mundial. Mas quem disse que a Humanidade aprendeu com as guerras? Será que o lamento e a revolta de Gibran não podem ser mais ouvidos e compreendidos, após duas guerras mundiais e várias outras que estão explodindo, mesmo quase um século depois?

Há quem diga que não há mais lugar para o romantismo de Gibran; que no mundo de hoje profetas não têm vez, que a espiritualidade não está na moda e que o refúgio na natureza não é uma solução viável para os problemas da modernidade. De fato, o homem já pisou na Lua e se aventura cada vez mais longe no espaço, criou máquinas e robôs para servi-lo, reduziu o mundo a uma aldeia, e a cada avanço sente-se mais poderoso e se encanta com as próprias façanhas; contudo, esta suposta evolução não passa de uma falácia, pois, apesar de tudo isso, continuamos matando uns aos outros, praticando intrigas e hipocrisia, servindo como escravos a tradições e instituições, silenciando diante das arbitrariedades e vendendo nossas almas todo dia a mil e um diabos. No entanto, esse mesmo homem também continua tendo um coração no qual guarda sonhos, medos, remorsos, lamentos, angústias e segredos. E nunca se precisou tanto abrir o coração e espalhar seus segredos como faz Gibran em seu *Segredos do Coração*, que, tantas décadas depois, continua sendo uma voz que cala fundo.

Safa Alferd Chahla Jubran
Professora de Língua e Literatura Árabe da USP

Segredos do Coração

A Tempestade

Parte I

Yusif El-Fakhri tinha trinta anos quando se retirou da sociedade e foi viver num eremitério isolado nas proximidades do vale de Kedeesha, no norte do Líbano. O povo das aldeias vizinhas ouviu diversas histórias acerca de Yusif. Algumas contavam que era de família abastada e nobre e amava uma mulher que o tinha traído, fazendo-o levar uma vida solitária, enquanto outras diziam que era um poeta que abandonara a cidade ruidosa e se retirara naquele lugar a fim de registrar seus pensamentos e dar forma a suas inspirações. E muitos tinham certeza de que era um místico que se contentava com o mundo espiritual, embora a maioria insistisse que não passava de um louco.

Quanto a mim, não conseguia chegar a nenhuma conclusão a respeito daquele homem, pois sabia que devia haver um profundo segredo em seu coração, cuja revelação eu não confiaria à mera especulação. Durante muito tempo, ansiei pela oportunidade de me encontrar com aquele estranho homem. Eu tinha me embrenhado por caminhos tortuosos para ganhar sua amizade, poder estudar sua realidade e conhecer sua história, perguntando-lhe seu propósito na vida, mas meus esforços foram inúteis. Quando o encontrei pela primeira vez, ele estava caminhando pela floresta dos Cedros Sagrados do Líbano, e o cumprimentei com as palavras mais bem escolhidas, mas ele devolveu meu cumprimento simplesmente balançando a cabeça e se afastando a passos largos.

Em outra ocasião, encontrei-o de pé no meio de um pequeno vinhedo junto a um mosteiro, e de novo me aproximei e o cumprimentei dizendo: "Contam no vilarejo que esse mosteiro foi construído por um grupo de sírios no século IV. Sabe alguma coisa dessa história?". Ele respondeu, frio: "Não sei quem construiu esse mosteiro, nem me importo em saber". Deu-me as costas e acrescentou: "Por que não pergunta a seus avós, que são mais velhos e sabem mais da história desses vales do que eu?". Percebendo imediatamente meu novo fracasso, afastei-me dele.

Assim se passaram dois anos, e a estranha vida daquele homem bizarro se apoderou de minha mente e perturbava meus sonhos.

Parte II

Num dia de outono, enquanto perambulava pelas colinas e outeiros adjacentes ao eremitério de Yusif El-Fakhri, fui repentinamente apanhado por um vento forte e uma chuva torrencial, e a tempestade me jogava de lá para cá como um barco cujo leme se quebrou e cujos mastros foram espedaçados por um vendaval num mar raivoso. Dirigi meus passos com dificuldade para a morada de Yusif, dizendo a mim mesmo: "Esta é a oportunidade que esperei por tanto tempo, e a tempestade será minha desculpa para entrar, enquanto minhas roupas molhadas servirão de bom motivo para me demorar".

Eu me achava num estado deplorável quando alcancei o eremitério. Ao bater à porta, o homem que eu tinha ansiado ver abriu-a para mim. Numa das mãos segurava um pássaro moribundo, cuja cabeça tinha sido ferida e cujas asas tinham se quebrado. Cumprimentei-o dizendo: "Peço que me perdoe esta intrusão inoportuna. A tempestade furiosa me encurralou quando eu estava longe de casa". Ele franziu o cenho e disse: "Há muitas grutas no deserto onde você poderia ter buscado refúgio". Entretanto, não fechou a porta, e a batida de meu coração acelerou de antegozo, pois a realização de meu grande desejo estava bem à mão. Ele começou a tocar gentilmente a cabeça do pássaro com extremo cuidado e interesse, exibindo uma qualidade cara a meu coração. Fiquei surpreso com as duas características opostas que encontrei naquele homem: misericórdia e crueldade ao mesmo tempo. Demo-nos conta do silêncio constrangedor. Minha presença o incomodava, eu desejava ficar.

Ele pareceu ler meu pensamento, pois olhou para cima e disse: "A tempestade é limpa e não faz questão de comer carne azeda. Por que você tentou fugir dela?". Com um toque de humor, repliquei: "A tempestade pode não querer coisas salgadas ou azedas, mas está inclinada a esfriar e amolecer todas as coisas, e sem dúvida adoraria me devorar se me agarrasse de novo". Sua expressão estava séria quando retrucou: "A tempestade teria lhe concedido uma grande honra, da qual você não é digno, se o engolisse". Concordei: "Sim, senhor, fugi da tempestade para não receber uma honraria que não mereço". Ele desviou o rosto, num esforço para reprimir um sorriso, e em seguida se dirigiu a um banco de madeira junto à lareira e me convidou a descansar e a secar minhas roupas. Eu mal conseguia controlar minha exultação.

Agradeci e me sentei, enquanto ele sentava à minha frente, num banco escavado na pedra. Começou a mergulhar a ponta dos dedos numa jarra de barro que continha um tipo de óleo, aplicando-o suavemente na cabeça e nas asas do pássaro. Sem levantar os olhos, ele disse: "A ventania fez este pássaro cair nas rochas entre a vida e a morte". Repliquei com uma comparação: "E a ventania me enviou, à deriva, até sua porta, a tempo de evitar que minha cabeça se ferisse e minhas asas se quebrassem". Ele me olhou, sério, e disse: "Eu gostaria que o homem exibisse o instinto do pássaro, e gostaria que a tempestade quebrasse as asas das pessoas. Pois o homem se inclina para o medo e a covardia, e ao sentir o despertar da tempestade ele se arrasta para as fendas e cavernas da terra e se esconde".

Meu propósito era arrancar a história de seu exílio autoimposto, por isso provoquei: "Sim, os pássaros têm uma honra e uma coragem que o homem não possui... O homem vive à sombra das leis e dos costumes, que ele fez e moldou para si mesmo, mas os pássaros vivem segundo a mesma lei eterna e livre que faz a Terra prosseguir sua trilha poderosa em torno do Sol". Seus olhos e seu rosto brilharam, como se tivesse encontrado em mim um discípulo compreensivo. Exclamou: "Muito bem! Se você desse crédito a suas próprias palavras, deveria largar a civilização e as leis e tradições corruptas para viver como os pássaros num lugar vazio de todas as coisas, exceto da lei magnífica do céu e da terra. Acreditar é uma coisa ótima, mas pôr essas crenças em prática é um teste de força. Muitos são os que falam como o rugido do mar, mas suas vidas são ocas e estagnadas, como os pântanos infectos. Muitos são os que erguem suas cabeças acima dos topos das montanhas, mas seus espíritos permanecem dormentes na escuridão das cavernas". Ele se ergueu, trêmulo, de seu assento e colocou o pássaro sobre um pano dobrado junto à janela.

Pôs um feixe de gravetos secos sobre o fogo, dizendo: "Tire as sandálias e aqueça os pés, a umidade é perigosa para a saúde do homem. Seque bem suas roupas e fique à vontade".

A crescente hospitalidade de Yusif estimulava minhas esperanças. Aproximei-me do fogo e o vapor gotejou de minhas roupas molhadas. Enquanto ele permanecia junto à porta espiando o céu cinzento, minha mente buscava se insinuar pela brecha aberta em sua história passada. Inocentemente, perguntei: "Faz muito tempo que veio para este lugar?".

Sem olhar para mim, ele respondeu, calmamente: "Vim para este lugar quando a Terra era deserta e vazia, e havia treva na superfície do abismo. E o espírito de Deus pairava sobre a face das águas".*

Fiquei atemorizado com aquelas palavras! Lutando para me recompor do choque e reorganizar minhas ideias dispersas, disse a mim mesmo: "Que homem mais fantástico! E como é difícil a trilha que leva à sua realidade! Mas vou atacar com cuidado, vagar e paciência, até que sua reticência se torne comunicação, e sua estranheza se torne entendimento".

Parte III

A noite estendia seu manto negro sobre aqueles vales, a tempestade gritava de modo ensurdecedor e a chuva ficava mais forte. Comecei a imaginar que o dilúvio bíblico tinha retornado para abolir a vida e lavar a corrupção humana da terra de Deus.

Parecia que a revolução dos elementos tinha criado no coração de Yusif uma tranquilidade que converte a solidão em convivência pacífica. Ele acendeu duas velas e em seguida colocou diante de mim uma jarra de vinho e uma grande bandeja contendo pão, queijo, azeitonas, mel e algumas frutas secas. Sentou-se então perto de mim e, após ter se desculpado pela pequena quantidade – mas não pela simplicidade – da comida, pediu que me juntasse a ele.

Compartilhamos a refeição num silêncio compreensivo, ouvindo o gemido do vento e o choro da chuva. Enquanto isso, eu contemplava seu rosto e tentava desenterrar seus segredos, meditando sobre o possível segredo oculto sob aquela existência incomum. Ao acabar, ele pegou um bule de cobre que estava no fogo e derramou um café puro e aromático em duas xícaras. Em seguida, abriu uma caixinha e me ofereceu um cigarro, chamando-me de "irmão". Peguei um cigarro enquanto tomava meu café, sem

* Citação de *Gênesis* 1,1. (N.T.)

acreditar no que meus olhos estavam vendo. Ele olhou para mim, sorridente, e depois de aspirar um longo trago de seu cigarro e tomar um gole de café, disse: "Você sem dúvida está tentando entender a existência de vinho, tabaco e café neste lugar, e pode também estar intrigado sobre meu alimento e meu conforto. Sua curiosidade é plenamente justificada, porque você é um dos muitos que acreditam que quem se afasta das pessoas fica ausente da vida e deve se abster de todos os seus deleites". Rapidamente concordei: "Sim, os sábios dizem que quem abandona o mundo com o propósito de adorar somente a Deus deixará para trás todo o conforto e a fartura da vida, satisfazendo-se apenas com os simples produtos de Deus, e sobrevivendo das plantas e da água".

Depois de uma pausa, cheia de meditação, ele ponderou: "Eu poderia ter adorado Deus enquanto vivia entre Suas criaturas, pois a adoração não requer o isolamento. Não deixei as pessoas para poder ver Deus, pois eu sempre O vi na casa de meus pais. Abandonei as pessoas porque a natureza delas estava em conflito com a minha, e os sonhos delas não combinavam com os meus sonhos... Deixei os homens porque descobri que a roda de minha alma estava girando num sentido e atritando-se asperamente contra as rodas das outras almas, que giravam na direção contrária. Deixei a civilização porque descobri que ela é uma árvore velha e corrompida, forte e terrível, cujas raízes estão presas na escuridão da terra e cujos ramos tentam alcançar o que está além das nuvens. Mas suas flores são a cobiça, a maldade e o crime, e seus frutos são o infortúnio, a miséria e o medo. Alguns cruzados tentaram enxertar bondade nela e mudar sua natureza, mas não tiveram êxito. Morreram decepcionados, perseguidos e ridicularizados".

Yusif se inclinou na direção da lareira, como se aguardasse enquanto suas palavras causavam alguma impressão em minha mente. Achei melhor permanecer como ouvinte, e ele prosseguiu: "Não, eu não busquei a solidão para rezar e levar uma vida de eremita... porque a prece, que é o canto do coração, alcançará os ouvidos de Deus mesmo quando misturada com os gritos e os choros de milhares de vozes. Viver a vida de um recluso é torturar o corpo e a alma, é amortecer os instintos, um tipo de existência que me é repugnante, pois Deus ergueu os corpos como templos para os espíritos, e é nossa missão merecer e conservar a confiança depositada em nós por Deus.

"Não, meu irmão, não busquei a solidão por motivos religiosos, mas simplesmente para evitar as pessoas e suas leis, suas doutrinas e suas tradições, suas ideias, seus alaridos e suas lamúrias.

"Busquei a solidão a fim de evitar ver os rostos dos homens que se vendem e se compram pelo mesmo preço, que é mais baixo do que valem, espiritual e materialmente.

"Busquei a solidão para não ter de encontrar as mulheres que caminham, orgulhosas, com mil sorrisos em seus lábios, enquanto nas profundezas de seus mil corações só existe um único propósito.

"Busquei a solidão para me esconder desses indivíduos cheios de si que viram o espectro do conhecimento em seus sonhos e acreditam ter atingido seu objetivo.

"Fugi da sociedade para evitar aqueles que veem somente o fantasma da verdade em seu despertar, mas gritam para o mundo que adquiriram a completa essência da verdade.

"Abandonei o mundo e busquei a solidão porque me cansei de reverenciar essas multidões que acham que a humildade é uma forma de fraqueza, que a misericórdia é uma espécie de covardia e que o esnobismo é um tipo de força.

"Busquei a solidão porque minha alma se fartou de associar-se com aqueles que acreditam sinceramente que o Sol e a Lua só se erguem de dentro de seus cofres e que só se põem em seus jardins.

"Fugi dos candidatos a cargos públicos que arruínam o destino terreno das pessoas enquanto despejam a poeira dourada nos olhos delas e enchem seus ouvidos com os sons de um falatório sem sentido.

"Afastei-me dos pregadores que não vivem de acordo com seus sermões e exigem das pessoas aquilo que não cobram de si mesmos.

Kahlil Gibran

"Busquei a solidão porque nunca obtive ternura de uma alma humana a menos que pagasse um alto preço com meu coração.

"Busquei a solidão porque abomino essa grande e terrível instituição que as pessoas chamam de civilização – essa monstruosidade simétrica erguida sobre a miséria perpétua do gênero humano.

"Busquei a solidão porque nela existe uma vida plena para o espírito, para o coração e para o corpo. Encontrei os prados intermináveis onde a luz do Sol descansa, onde as flores exalam sua fragrância pelo espaço, onde os rios cantam seu caminho rumo ao mar. Descobri as montanhas onde encontrei o fresco despertar da primavera, e a saudade colorida do verão, e os ricos cânticos do outono, e a beleza misteriosa do inverno. Vim para este canto remoto dos domínios de Deus porque estava ávido por aprender os segredos do Universo e por me aproximar mais do trono de Deus".

Yusif respirou profundamente, como se tivesse se aliviado de um pesado fardo. Seus olhos reluziam com um brilho estranho e mágico, e em sua face radiante surgiram os sinais do orgulho, da vontade e da satisfação.

Alguns minutos se passaram enquanto eu o contemplava placidamente, pesando a revelação daquilo que estivera oculto de mim. Então me dirigi a ele: "O senhor sem dúvida tem razão na maior parte das coisas que disse, mas por meio de seu diagnóstico da doença social o senhor prova, ao mesmo tempo, ser um ótimo médico. Acho que a sociedade enferma precisa urgentemente de um doutor assim, para curá-la ou matá-la. Este mundo aflito suplica sua atenção. É justo ou misericordioso abandonar o paciente que sofre e negar a ele seu benefício?".

Ele me fitou, pensativo, e disse, em tom frívolo: "Desde o começo do mundo, os médicos vêm tentando salvar as pessoas de seus distúrbios; alguns usam bisturis, outros usam poções, mas a pestilência se espalha irremediavelmente. Eu gostaria que o paciente se contentasse em ficar em seu leito imundo, meditando sobre suas chagas duradouras. Mas, em vez disso, ele estica o braço que está sob a túnica e agarra o pescoço de todo aquele que vem visitá-lo, apertando-o até estrangulá-lo. Que ironia! O paciente perverso mata o médico, depois fecha os olhos e diz para si mesmo: 'Era um ótimo doutor'. Não, meu irmão, ninguém sobre a Terra pode ajudar a Humanidade. O semeador, por mais sábio e experiente que seja, não pode fazer o campo brotar no inverno".

Eu rebati: "Mas o inverno das pessoas vai passar e logo virá a bela primavera, as flores certamente se abrirão nos campos e os riachos novamente saltarão pelos vales".

Ele franziu o cenho e disse, amargo: "Quem dera! Deus por acaso dividiu a vida do homem – que é a inteira criação – em estações como as do ano? Alguma tribo de seres humanos, vivendo agora na verdade e no espírito de Deus, vai querer reaparecer sobre a face desta terra? Acaso jamais virá o tempo em que o homem se sentará e permanecerá junto ao braço direito da Vida, rejubilando-se com a luz brilhante do dia e o silêncio tranquilo da noite? Tal sonho pode se tornar realidade? Pode ele se materializar depois que a terra foi coberta de carne humana e encharcada de sangue humano?".

Yusif se levantou e ergueu as mãos para o céu, como se apontasse para um mundo diferente, e prosseguiu: "Isso não passa de um sonho vão para o mundo, mas eu venho encontrando sua realização para mim mesmo, e o que tenho descoberto aqui, nos vales e nas montanhas, ocupa cada espaço de meu coração". Ele já tinha erguido a voz com intensidade: "O que eu de fato sei que é verdade é o clamor de meu ser mais íntimo. Estou vivendo aqui, e nas profundidades de minha existência há sede e fome, e me rejubilo em compartilhar o pão e o vinho da Vida dos vasos que faço e modelo com minhas próprias mãos. Por essa razão abandonei as mesas das pessoas e vim para este lugar, e aqui ficarei até o fim!".

Ele continuava a atravessar o cômodo de um lado para o outro, agitado, enquanto eu ponderava suas palavras e refletia sobre aquela descrição das feridas profundas da sociedade. Arrisquei novamente uma crítica cuidadosa: "Tenho a maior admiração por suas opiniões e intenções, e invejo e respeito sua solidão e seu isolamento, mas sei que seu exílio tem representado uma grande perda para esta nação miserável, pois ela necessita de um terapeuta compreensivo que a ajude a atravessar as dificuldades e a despertar seu espírito".

Ele balançou a cabeça lentamente e disse: "Esta nação é como todas as nações. E os povos são feitos do mesmo elemento e não variam, a não ser em seu aspecto exterior, o que não tem nenhuma importância. A miséria de nossas nações orientais é a miséria do mundo, e o que se chama de civilização no Ocidente não passa de um outro espectro dos muitos fantasmas de uma trágica ilusão.

"A hipocrisia reinará para sempre, ainda que traga as unhas polidas e pintadas. A fraude nunca mudará, mesmo que seu toque fique suave e delicado. A falsidade nunca se transformará em verdade, mesmo que a vistam de roupas de seda e a coloquem num palácio. E a cobiça nunca se tornará em satisfação, nem o crime em virtude. E a escravidão eterna às doutrinas, aos costumes e à história permanecerá escravidão, ainda que pinte o rosto e disfarce a voz. A escravidão permanecerá escravidão em todas as suas formas, mesmo que mude seu nome para liberdade.

"Não, meu irmão, o Ocidente não é mais elevado nem mais baixo que o Oriente e a diferença que existe entre os dois não é maior do que a diferença entre o tigre e o leão. Existe uma lei justa e perfeita que encontrei sob o exterior da sociedade, uma lei que iguala miséria, prosperidade e ignorância; ela não prefere uma nação a outra, nem oprime uma tribo para favorecer outra".

Exclamei: "Então a civilização é vã, e tudo nela é vão!". Ele reagiu rapidamente: "Sim, a civilização é vã, e tudo nela é vão... As invenções e descobertas não passam de divertimento e de conforto para o corpo quando está cansado e exausto. A conquista da distância e a vitória sobre os mares são apenas frutos falsos que não satisfazem a alma, nem alimentam o coração, nem elevam o espírito, porque estão separados da natureza. E essas estruturas e teorias que o homem chama de conhecimento e arte não passam de algemas e correntes douradas que o homem arrasta, alegrando-se com seus reflexos reluzentes e sons tilintantes. São jaulas resistentes cujas grades o homem começou a fabricar séculos atrás, sem perceber que estava construindo de dentro para fora, e que em breve se tornaria seu próprio prisioneiro pela eternidade. Sim, vãos são os feitos do homem, e vãos seus propósitos, e tudo é vaidade sobre esta terra". Fez uma pausa e em seguida acrescentou, devagar: "E em meio a todas as vaidades da vida só existe uma coisa que o espírito ama e anseia. Uma coisa fascinante e única". "E o que é?", perguntei com voz palpitante. Ele me fitou por um longo minuto e depois fechou os olhos. Pôs a mão sobre o peito, enquanto seu rosto brilhava, e numa voz serena e sincera respondeu: "É um despertar do espírito, é um despertar nas profundezas íntimas do coração, é um poder esmagador e magnífico que desce subitamente sobre a consciência do homem e abre seus olhos, e com isso ele vê a Vida em meio a uma chuva reluzente de música brilhante, rodeada por um círculo de luz maravilhosa, com o homem de pé como um pilar de beleza entre a Terra e o firmamento. É uma chama que subitamente invade o espírito e purifica o coração, crestando-o, erguendo-o acima da Terra e fazendo-o pairar no céu espaçoso. É uma ternura que envolve o coração do indivíduo, que o faria confundir e reprovar todos os que se opusessem a ela e revoltar-se contra os que se recusassem a entender seu enorme significado. É uma mão secreta que remove o véu que havia em meus olhos enquanto eu era um membro da sociedade, no seio de minha família, de meus amigos e meus compatriotas.

"Várias vezes eu me surpreendi dizendo a mim mesmo: o que é este universo? Por que sou diferente dessas pessoas que olham para mim? Como as conheço? Onde as encontrei? Por que estou vivendo no meio delas? Sou um estranho entre elas ou elas é que são estranhas a este mundo, construído pela Vida, que me confiou as chaves?".

De repente, calou-se, como se estivesse recordando alguma coisa que vira muito tempo atrás, recusando-se a revelá-la. Em seguida, estendeu os braços para a frente e murmurou: "Foi isso que me aconteceu quatro anos atrás, quando deixei o mundo e vim para este lugar vazio viver na consciência da vida e saborear pensamentos delicados e a beleza do silêncio".

Ele caminhou rumo à porta, contemplando as profundezas da escuridão como se se preparasse para falar à tempestade. Mas, numa voz vibrante, disse: "É um despertar dentro do espírito. Aquele que o conhece é incapaz de revelá-lo com palavras, e quem não o conhece jamais poderá imaginar o belo e arrebatador mistério da existência".

Parte IV

Uma hora tinha transcorrido, e Yusif El-Fakhri dava passadas largas pelo cômodo, detendo-se ao acaso e espiando o tremendo céu cinzento. Eu permanecia calado, refletindo sobre a estranha combinação de alegria e pesar em sua vida solitária.

Mais tarde, à noite, ele se aproximou de mim e me fitou longamente o rosto, como se desejasse gravar na memória o retrato do homem a quem tinha revelado os penetrantes segredos de sua vida. Minha mente estava pesada e em tumulto, meus olhos, embaçados. Ele disse, calmamente: "Vou agora sair para caminhar noite adentro com a tempestade, sentir a intimidade da expressão da natureza. É um exercício que muito me deleita no outono e no inverno. Aqui tem o vinho, lá estão os cigarros. Por favor, aceite meu lar como se fosse seu por esta noite".

Envolveu-se num manto escuro e acrescentou, sorrindo: "Peço-lhe que tranque a porta contra os humanos intrometidos quando for embora de manhã, pois pretendo passar o dia na floresta dos Cedros Sagrados". Em seguida, caminhou até a porta, carregando um longo cajado, e concluiu: "Se a tempestade surpreender você novamente enquanto estiver nas proximidades, não hesite em buscar refúgio neste eremitério... Espero que você aprenda a amar a tempestade, não a temê-la... Boa-noite, meu irmão".

Abriu a porta e caminhou para fora de cabeça erguida, escuridão adentro. Fiquei parado junto à porta para ver que direção ele tinha tomado, mas desapareceu de vista. Por alguns minutos ouvi o ruído de seus pés sobre o cascalho do vale.

Parte V

A manhã chegou, após uma noite de meditação profunda, e a tempestade tinha partido, enquanto o céu estava claro e as montanhas e planícies se refestelavam aos raios quentes do Sol. No caminho de volta para a cidade, senti aquele despertar espiritual de que Yusif El-Fakhri tinha falado, e ele estava varando cada fibra de meu ser. Senti que minha excitação devia estar visível. E quando me acalmei tudo ao meu redor era beleza e perfeição.

Tão logo alcancei o povoado barulhento e ouvi suas vozes e vi seus feitos, detive-me e disse a mim mesmo: "Sim, o despertar espiritual é a coisa mais essencial da vida do homem, e é o único propósito da existência. A civilização, em todas as suas trágicas formas, não é um motivo supremo para o despertar espiritual? Então como podemos negar a matéria existente, se sua própria existência é uma prova inconfundível de sua conformidade à adequação pretendida? A civilização atual talvez tenha um propósito evanescente, mas a lei eterna ofereceu a esse propósito uma escada cujos degraus podem levar à substância livre".

Nunca mais vi Yusif El-Fakhri de novo, pois em meus esforços por curar os males da civilização a Vida me expulsou do norte do Líbano no final do outono daquele mesmo ano, e me forçou a viver no exílio num país distante, cujas tempestades foram domesticadas. E levar uma vida de eremita nesse país é uma espécie de loucura gloriosa, pois sua sociedade também está enferma.

Escravidão

Os povos têm sido escravos da Vida, e é a escravidão que enche seus dias de miséria e abatimento e inunda suas noites de lágrimas e angústia.

Sete mil anos se passaram desde o dia de meu primeiro nascimento, e desde então venho observando os escravos da Vida que arrastam seus pesados grilhões.

Tenho perambulado pelo Oriente e pelo Ocidente da Terra e vagado na Luz e na Sombra da Vida. Tenho visto as procissões da civilização moverem-se da luz para a treva, e cada uma delas foi arrastada para o inferno por almas humilhadas, dobradas sob o jugo da escravidão. Os fortes estão acorrentados e dominados, e os fiéis estão de joelhos adorando os ídolos. Tenho seguido os homens da Babilônia ao Cairo, de Endor a Bagdá, e observado as marcas de suas correntes sobre a areia. Ouvi os ecos tristonhos das eras volúveis repetidos pelos prados e vales eternos.

Visitei os templos e altares, entrei nos palácios e sentei-me diante dos tronos. E vi o aprendiz escravizando-se pelo artista, e o artista escravizando-se pelo patrão, e o patrão escravizando-se pelo soldado, e o soldado escravizando-se pelo governador, e o governador escravizando-se pelo rei, e o rei escravizando-se pelo sacerdote, e o sacerdote escravizando-se pelo ídolo... E o ídolo não passa de terra modelada por Satã e erguida sobre um monte de caveiras.

Entrei nas mansões dos ricos e visitei os casebres dos pobres. Encontrei o bebê mamando o leite da escravidão do seio de sua mãe, e as crianças aprendendo a submissão com o alfabeto.

As donzelas usam vestes de restrição e passividade, e as casadas se retiram, às lágrimas, sobre camas de obediência e aquiescência legal.

Acompanhei as eras desde as margens do Ganges até as praias do Eufrates, do delta do Nilo às planícies da Assíria, das arenas de Atenas às igrejas de Roma, das favelas de Constantinopla aos palácios de Alexandria... E no entanto vi a escravidão movendo-se por toda a parte, numa procissão gloriosa e majestosa de ignorância. Vi as pessoas sacrificando os mancebos e as donzelas aos pés do ídolo, chamando-o de Deus; derramando vinho e perfume a seus pés, e chamando-o de Rei; queimando incenso diante de sua imagem, e chamando-o de Profeta; ajoelhando-se diante dele, venerando-o, e chamando-o de Lei; lutando e morrendo por ele, e chamando-o de Patriotismo; submetendo-se à sua vontade, e chamando-o de Sombra de Deus na Terra; destruindo e demolindo casas e instituições por causa dele, e chamando-o de Fraternidade; labutando e roubando e trabalhando por ele, e chamando-o de Fortuna e Felicidade; matando por ele, e chamando-o de Igualdade.

Ele possui vários nomes, mas uma só realidade. Tem tido diversas aparências, mas é feito de um só elemento. Na verdade, ele é uma dor permanente que uma geração lega à sua sucessora.

Encontrei a escravidão cega, que prende o presente das pessoas ao passado de seus pais e as obriga a prestar contas a suas tradições e seus costumes, colocando espíritos antigos em corpos novos.

Encontrei a escravidão muda, que amarra a vida de um homem a uma mulher que ele detesta, e coloca o corpo da mulher na cama de um marido odiado, matando ambas as vidas espiritualmente.

A Escravidão

Encontrei a escravidão surda, que sufoca a alma e o coração, fazendo do homem o mero eco vazio de uma voz, e uma deplorável sombra de um corpo.

Encontrei a escravidão aleijada, que põe o pescoço do homem sob o domínio do tirano e submete corpos fortes e mentes fracas aos filhos da cobiça para ser usados como instrumentos de seu poder.

Encontrei a escravidão feiosa, que desce com os espíritos dos bebês desde o amplo firmamento para dentro do lar da Miséria, onde a Carência vive junto da Ignorância, e a Humilhação mora ao lado do Desespero. E as crianças crescem como miseráveis, vivem como criminosos e morrem como não viventes desprezados e rejeitados.

Encontrei a escravidão sutil, que atribui às coisas nomes que elas não têm, chamando a astúcia de inteligência, a vaidade de conhecimento, a fraqueza de ternura, e a covardia de forte recusa.

Encontrei a escravidão retorcida, que faz as línguas dos fracos se moverem com medo e falarem o que não estão sentindo, e eles fingem estar meditando sobre sua sorte, mas se tornam sacos vazios, que até uma criança pode dobrar ou carregar.

Encontrei a escravidão submissa, que persuade uma nação para que cumpra as leis e regras de outra nação, e a submissão é maior a cada dia.

Encontrei a escravidão perpétua, que coroa os filhos dos monarcas como reis, sem dar a menor atenção ao mérito.

Encontrei a escravidão negra, que marca com vergonha e desgraça perenes os filhos inocentes dos criminosos.

Contemplando a escravidão, descobre-se que ela possui os mórbidos defeitos da continuidade e do contágio.

Quando me cansei de acompanhar as eras dissolutas e me fartei de observar as procissões dos povos entorpecidos, caminhei sozinho até o Vale da Sombra da Vida, onde o passado, cheio de culpa, tenta se esconder, e a alma do futuro se dobra e repousa por um tempo excessivo. Lá, à beira do Rio de Sangue e Lágrimas, que se arrasta como uma víbora venenosa e se contorce como os sonhos de um criminoso, ouvi o sussurro amedrontado dos fantasmas dos escravos e fiquei olhando para o nada.

Quando deu meia-noite e os espíritos emergiram dos esconderijos, vi um espectro cadavérico e moribundo caído de joelhos, olhando para a Lua. Aproximei-me dele e perguntei: "Qual o seu nome?"

"Meu nome é Liberdade", respondeu aquela sombra fantasmagórica de um cadáver.

Indaguei: "Onde estão seus filhos?".

E a Liberdade, chorosa e fraca, soluçou: "Um morreu crucificado, o outro morreu louco, e o terceiro ainda não nasceu".

Ela se foi, mancando, sem parar de falar, mas a névoa em meus olhos e o choro em meu coração me impediram de ver ou de ouvir.

Satã

As pessoas consideravam o padre Samaan como seu guia no campo das questões espirituais e teológicas, pois ele era uma autoridade e uma profunda fonte de informação sobre pecados veniais e mortais, bem versado nos segredos do Paraíso, do Inferno e do Purgatório.

A missão do padre Samaan no norte do Líbano era viajar de uma aldeia para outra, pregando e curando as pessoas da doença espiritual do pecado, e salvando-as da terrível armadilha de Satã. O reverendo padre travava uma guerra constante contra Satã. Os felás veneravam e respeitavam aquele clérigo e estavam sempre ansiosos por comprar seu conselho ou suas orações com moedas de ouro e prata, e a cada colheita eles o presenteavam com os frutos mais saborosos de seus campos.

Certa tarde de outono, enquanto seguia seu caminho rumo a um vilarejo remoto, atravessando aqueles vales e colinas, o padre Samaan ouviu um gemido de dor que emergia de uma vala ao lado da estrada. Ele se deteve e olhou na direção da voz. Viu um homem despido estirado no chão. Fluxos de sangue escorriam de chagas profundas em sua cabeça e em seu peito. Ele gemia lastimavelmente por ajuda, dizendo: "Salve-me, ajude-me. Tenha pena de mim, estou morrendo". O padre Samaan olhou com perplexidade para o sofredor e disse para si mesmo: "Esse homem deve ser um ladrão... Provavelmente tentou roubar os viajantes e falhou. Alguém o feriu. Receio que, se ele morrer, eu possa ser acusado de ter lhe tirado a vida".

Tendo ponderado a situação desse modo, retomou sua caminhada, razão por que o homem moribundo o deteve, gritando alto: "Não me deixe aqui! Estou morrendo!". Então o padre voltou a refletir, e seu rosto ficou pálido ao se dar conta de que estava recusando socorro. Seus lábios estremeceram, mas disse de si para si: "Decerto é um desses loucos que vagueiam pelo deserto. A visão de suas feridas enche meu coração de medo. Que posso fazer? Decerto um médico espiritual não é capaz de tratar corpos feridos na carne". O padre Samaan deu alguns passos à frente, quando o quase cadáver soltou uma queixa dolorosa, que derreteu o coração das rochas, e soluçou: "Venha para perto de mim! Venha, pois temos sido amigos há muito tempo... Você é o padre Samaan, o bom pastor, e eu não sou nem ladrão nem louco... Aproxime-se, e não me deixe morrer neste lugar deserto. Venha e eu lhe direi quem sou".

O padre Samaan se aproximou do homem, ajoelhou-se e o fitou, mas viu um rosto estranho, com traços contrastantes. Viu inteligência com malícia, feiura com beleza e perversidade com sutileza. Pôs-se de pé rapidamente e exclamou: "Quem é você?".

Com voz desmaiada, o moribundo disse: "Não tenha medo de mim, padre, pois temos sido grandes amigos há muito tempo. Ajude-me a ficar de pé, leve-me até o riacho próximo e limpe minhas feridas com suas vestes". Mas o padre ordenou: "Diga-me quem você é, pois não o conheço, nem tampouco me lembro de já tê-lo visto".

E o homem respondeu, com voz agonizante: "Você conhece minha identidade! Já me viu mil vezes e fala de mim todos os dias... Sou tão caro a você quanto sua própria vida". O padre retrucou: "Você é um impostor mentiroso! Um moribundo deveria dizer a verdade... Nunca vi sua face horrenda em toda a minha vida. Diga-me quem é, se não vou deixá-lo morrer, sem me importar com sua vida que se esvai". O homem ferido moveu-se lentamente e olhou dentro dos olhos do clérigo, enquanto em seus lábios surgia um sorriso místico. E numa voz calma, funda e suave ele disse: "Sou Satã".

Ao ouvir o horrendo nome, o padre Samaan soltou um grito terrível que abalou os cantos mais remotos do vale. Em seguida, fixou o olhar e percebeu que o corpo do moribundo, com suas distorções grotescas, coincidia com a aparência de Satã numa pintura religiosa pendurada na parede da igreja da aldeia. Ele estremeceu e gritou: "Deus me mostrou sua imagem infernal e me fez odiar você, merecidamente. Maldito seja para todo o sempre! A ovelha pestilenta tem de ser destruída pelo pastor para que não infecte as outras ovelhas!".

Satã replicou: "Não se precipite, padre, e não desperdice esse tempo fugaz com conversa vazia... Venha e feche minhas feridas depressa, antes que a vida desapareça de meu corpo". Mas o clérigo retorquiu: "As mãos que oferecem um sacrifício diário a Deus não tocarão um corpo feito das secreções do Inferno... Você deve morrer, amaldiçoado pelas línguas dos anjos e pelos lábios da Humanidade, porque é o inimigo dela, e seu propósito confesso é destruir toda a virtude".

Satã se moveu, entre dores, ergueu-se sobre um cotovelo e reagiu: "Você não sabe o que está dizendo, nem entende o crime que está cometendo contra si mesmo. Preste atenção, pois vou contar minha história. Hoje eu caminhava sozinho por este vale solitário. Quando alcancei este lugar, um grupo de anjos me atacou, golpeando-me duramente. Se não fosse por dois deles, que empunhavam uma espada flamejante com dois gumes afiados, eu os teria repelido, mas não tive poder contra a espada luminosa". E Satã parou de falar por um momento, enquanto pressionava a mão sobre uma ferida profunda em seu flanco. Mas logo continuou: "O anjo armado... acho que era Miguel... era um gladiador experiente. Se eu não tivesse me atirado sobre o chão amigável e fingido estar morto, ele teria me despedaçado numa morte brutal".

Com voz de triunfo e erguendo os olhos para o céu, o padre entoou: "Louvado seja o nome de Miguel, que salvou a Humanidade deste inimigo impiedoso".

Mas Satã protestou: "Meu desdém pela Humanidade não é maior do que o seu ódio por si mesmo... Você está louvando Miguel, que nunca veio em seu auxílio... E está me amaldiçoando na hora de minha derrota, muito embora eu tenha sido, e ainda seja, a fonte de sua tranquilidade e de sua alegria... Você me nega sua bênção e não me estende sua ternura, mas você vive e prospera à sombra do meu ser... Você tem usado minha existência como uma desculpa e um instrumento para sua carreira, e emprega meu nome como justificativa para seus atos. Meu passado não faz você precisar do meu presente e do meu futuro? Você já atingiu seu objetivo de acumular a riqueza desejada? Será que acha impossível extrair mais ouro e mais prata de seus seguidores, usando meu reino como ameaça?

"Não percebe que morrerá de fome se me deixar morrer? O que faria amanhã se me deixasse morrer hoje? Que vocação você seguiria se meu nome desaparecesse? Durante décadas você tem perambulado por essas aldeias, alertando as pessoas para que não caiam em minhas mãos. Elas têm comprado tais conselhos com suas pobres moedas e com os produtos de sua terra. O que comprariam amanhã, se descobrissem que seu inimigo odioso já não existe? Seu emprego, padre, morreria comigo, pois as pessoas estariam livres do pecado. Como clérigo, você não percebe que a simples existência de Satã criou o inimigo dele, a Igreja? Que esse velho conflito é a mão secreta que remove o ouro e a prata do bolso do fiel e os deposita na sacola do pregador e do missionário? Como pode permitir que eu morra aqui, quando sabe que isso certamente fará você perder seu prestígio, sua igreja, seu lar e seu meio de vida?".

Satã ficou calado por um instante e sua humildade agora estava convertida numa independência confiante. Voltou a falar: "Padre, você é orgulhoso, mas ignorante. Vou lhe revelar a história da credulidade, e nela você encontrará a verdade que une nossos dois seres e liga a minha existência à sua própria consciência.

"Na primeira hora do início dos tempos, o homem se levantou diante da face do Sol, estendeu seus braços para a frente e gritou pela primeira vez, dizendo: 'Por trás do céu existe um Deus grande, amoroso e benévolo'. O homem virou suas costas para o grande círculo de luz, viu sua sombra sobre a terra e exclamou: 'Nas profundezas da terra existe um demônio escuro que ama a perversidade'. E o homem caminhou rumo a sua caverna, murmurando para si mesmo: 'Estou entre duas forças avassaladoras, uma na qual devo buscar refúgio, e a outra contra a qual devo lutar'. E as eras marcharam em procissão enquanto o homem existia entre dois poderes, um que ele louvava porque o exaltava, e o outro que ele amaldiçoava porque o amedrontava. Mas ele nunca percebia o significado de um louvor ou de uma maldição; vivia entre os dois, tal como uma árvore entre o verão, quando floresce, e o inverno, quando murcha.

"Quando o homem viu a aurora da civilização, que é o entendimento humano, a família, como unidade, passou a existir. Em seguida vieram as tribos, e entre elas o trabalho era dividido segundo a habilidade e a inclinação. Um clã cultivava a terra, outro construía abrigos, outros teciam roupas ou caçavam o alimento. Posteriormente, a adivinhação fez sua aparição sobre a terra, e esta foi a primeira carreira profissional adotada pelo homem que não possuía nenhuma necessidade ou carência urgente".

Satã parou de falar por um momento. Então riu, e sua alegria sacudiu o vale solitário, mas seu riso lembrou-lhe suas feridas, e ele pôs a mão sobre o flanco, sofrendo com a dor. Ficou sério de novo e prosseguiu: "A adivinhação apareceu e cresceu na Terra de um modo estranho.

"Na primeira tribo havia um homem chamado La Wiss. Não conheço a origem de seu nome. Era uma criatura inteligente, mas extremamente indolente. Detestava o trabalho de lavrar a terra, de construir abrigos, de apascentar o gado ou qualquer atividade que exigisse movimento do corpo ou esforço físico. E como o alimento, durante aquele período, só podia ser obtido por meio do trabalho árduo, La Wiss dormia muitas noites com o estômago vazio.

"Certa noite de verão, enquanto os membros daquele clã estavam reunidos em torno da cabana de seu chefe, falando sobre os acontecimentos do dia e esperando pela hora de repouso, um homem subitamente se pôs de pé, apontou para a Lua e gritou: 'Vejam o Deus da Noite! Sua face está escura e sua beleza desapareceu! Ele virou uma pedra negra pendurada na cúpula do céu!'. A multidão fitou a Lua, gritou de pavor e tremeu de medo, como se as mãos da escuridão tivessem agarrado seus corações, pois todos viram o Deus da Noite lentamente se transformar numa bola escura que mudava o rosto brilhante da Terra e fazia as colinas e vales diante de seus olhos desaparecerem por trás de um véu negro.

"Naquele momento, La Wiss, que já tinha visto um eclipse antes e entendido sua causa simples, deu um passo à frente para tirar proveito daquela oportunidade. Ficou de pé no meio das pessoas, ergueu as mãos para o céu e com voz grave e forte se dirigiu a elas: 'Ajoelhem-se e rezem, pois o Deus Mau da Escuridão está travando batalha contra o Deus Luminoso da Noite. Se o Deus Mau vencê-lo, todos nós pereceremos, mas se o Deus da Noite triunfar sobre ele permaneceremos vivos... Rezem já e adorem... Cubram seus rostos com terra... Fechem os olhos e não levantem suas cabeças para o céu, pois aquele que presenciar a luta dos dois deuses perderá a visão e a mente, e ficará cego e insano por toda a vida! Inclinem suas cabeças, e de todo coração incitem o Deus da Noite contra seu inimigo, que é nosso inimigo mortal!'.

"Assim La Wiss continuou a falar, usando várias palavras

misteriosas de sua própria invenção, nunca ouvidas antes. Depois dessa trapaça habilidosa, quando a Lua voltou à sua glória anterior, La Wiss ergueu sua voz mais alto do que antes e disse, num tom impressionante: 'Ergam-se agora e olhem para o Deus da Noite que triunfou sobre seu inimigo cruel. Ele está retomando sua jornada em meio às estrelas. Faça-se saber que por meio de suas orações vocês o ajudaram a derrotar o Demônio da Escuridão. Ele está muito feliz agora e mais brilhante do que nunca'.

"A multidão se levantou e olhou para a Lua, que estava brilhando em plena cintilação. O medo se tornou tranquilidade, e a confusão agora era alegria. Começaram a dançar, cantar e bater seus cajados sobre folhas de metal, enchendo os vales com seus clamores e gritos.

"Naquela noite, o chefe da tribo chamou La Wiss e assim lhe falou: 'Você fez algo que nenhum homem jamais fez... Demonstrou conhecer um segredo oculto que nenhum outro em nosso meio compreende. Refletindo o desejo de meu povo, você será o membro de categoria mais elevada, depois de mim, em toda a tribo. Eu sou o homem mais forte, e você é o homem mais sábio e mais instruído... Você é o médium entre nosso povo e os deuses, cujos desejos e atos você interpretará, e nos ensinará as coisas necessárias para ganhar as bênçãos e o amor deles'.

"E La Wiss astuciosamente garantiu: 'Tudo o que o Deus Humano me revelar em meus sonhos divinos será transmitido a vocês em vigília. Tenham confiança de que agirei diretamente entre vocês e ele'. O chefe se convenceu e deu a La Wiss dois cavalos, sete bezerros, setenta ovelhas e setenta cordeiros. E disse-lhe: 'Os homens da tribo construirão para você uma casa forte e lhe darão, ao fim de cada safra, uma parte da colheita da terra, para que você possa viver como um mestre digno de honra e respeito'.

"La Wiss se levantou e começou a sair, mas o chefe o deteve, dizendo: 'Quem e o que é esse que você chama de Deus Humano? Quem é o temível Deus que briga com o glorioso Deus da Noite?

Nunca soubemos nada dele até agora'. La Wiss esfregou a testa e respondeu: 'Meu honrado amo, num tempo remoto, antes da criação do homem, todos os deuses viviam em paz juntos num mundo superior por trás da vastidão das estrelas. O Deus dos Deuses era o pai deles e sabia o que eles não sabiam, e fazia o que eram incapazes de fazer. Guardava para si os segredos divinos que existiam para além das leis eternas. Durante a sétima época da décima segunda era, o espírito de Bahtaar, que odiava o grande Deus, revoltou-se e se colocou diante de seu pai, dizendo: 'Por que guardas somente para ti o poder de grande autoridade sobre todas as criaturas, escondendo longe de nós os segredos e as leis do Universo? Não somos os teus filhos que acreditam em ti e compartilham contigo o grande entendimento e o ser perpétuo?'. O Deus dos Deuses se enfureceu e disse: 'Conservarei comigo o poder supremo e a maior autoridade e os segredos essenciais, porque eu sou o começo e o fim'.

"Bahtaar replicou: 'Se não compartilhares comigo teu saber e teu poderio, eu e meus filhos e os filhos de meus filhos nos revoltaremos contra ti!'. Nesse instante, o Deus dos Deuses se ergueu em seu trono nas profundezas celestiais, puxou uma espada e agarrou o Sol, como se fosse um escudo. E com uma voz que abalou todos os cantos da eternidade, ele exclamou: 'Desce, rebelde cruel, desce para o lúgubre mundo inferior onde vivem a escuridão e a miséria! Lá permanecerás em exílio, vagando até que o Sol se transforme em cinzas e as estrelas se dispersem em partículas!'. Na mesma hora, Bahtaar desceu do mundo superior para o mundo inferior, onde habitavam todos os espíritos ruins. Ao fazer isso, jurou pelo segredo da vida que lutaria contra seu pai e seus irmãos, capturando toda alma que os amasse'.

"Enquanto escutava, o chefe franzia a testa e seu rosto empalidecia. Ousou perguntar: 'Então, o nome do Deus Mau é Bahtaar?'. E La Wiss respondeu: 'Seu nome era Bahtaar quando vivia no mundo superior, mas quando entrou no mundo inferior adotou sucessivamente os nomes de Belzebu, Satanás, Belial, Zamiel, Arimã, Mara, Abdon, Diabo e, finalmente, Satã, que é o mais famoso'.

"O chefe repetiu a palavra *Satã* diversas vezes, com uma voz trêmula que parecia o sussurro dos galhos secos à passagem do vento. Em seguida, disse: 'Por que Satã odeia o homem tanto quanto odeia os deuses?'.

"E La Wiss respondeu, depressa: 'Ele odeia o homem porque o homem é um descendente dos irmãos e das irmãs de Satã'. O chefe exclamou: 'Então Satã é primo do homem!'. Numa voz misturada de perplexidade e tédio, La Wiss retrucou: 'Sim, meu amo, mas ele é o grande inimigo dos homens, aquele que enche nossos dias de miséria e nossas noites de sonhos horríveis. Ele é o poder que dirige a tempestade para nossas choupanas, e traz a fome sobre nossa plantação, e doença sobre nós e nossos animais. É um deus cruel e poderoso. É perverso e se alegra quando estamos sofrendo, e lamenta quando estamos jubilosos. Devemos, por meio de minha sabedoria, examiná-lo completamente, para evitar seu mal. Devemos estudar seu caráter, para não pisarmos em sua trilha cheia de armadilhas'.

"O chefe inclinou a cabeça sobre seu cajado e suspirou, dizendo: 'Acabo de conhecer o segredo oculto desse estranho poder que dirige a tempestade para nossas casas e lança a peste sobre nós e nosso gado. O povo tem de aprender tudo isso que eu sei agora. La Wiss será abençoado, honrado e glorificado por revelar a todos o mistério de seu poderoso inimigo e por dirigi-los para longe da estrada do mal'.

"E La Wiss deixou o chefe da tribo e foi para seu lugar de descanso, feliz com sua engenhosidade, e intoxicado pelo vinho de seu prazer e de sua imaginação. Pela primeira vez, o chefe e todos da tribo, exceto La Wiss, passaram a noite cochilando em camas rodeadas por horríveis fantasmas, espectros pavorosos e sonhos perturbadores".

Satã parou de falar por um momento, enquanto o padre Samaan o fitava como que desnorteado, e sobre os lábios do padre apareceu o sorriso doentio da morte. Então, Satã continuou: "Assim foi que a adivinhação chegou a esta terra, e minha existência foi a causa de sua aparição. La Wiss foi o primeiro a adotar minha crueldade como uma vocação. Depois da morte de La Wiss, essa ocupação circulou entre seus filhos e prosperou até se tornar uma perfeita e divina profissão, seguida por aqueles cujas mentes são maduras de sabedoria e as almas são nobres, e cujos corações são puros, e cuja imaginação é vasta.

"Na Babilônia, as pessoas se inclinavam sete vezes em adoração diante de um sacerdote que me combatia com seus cânticos... Em Nínive, consultavam um homem que afirmava ter conhecido meus segredos mais íntimos, como se fosse um elo dourado entre Deus e os homens... No Tibete, a pessoa que briga comigo é chamada de Filho do Sol e da Lua... Em Biblos, Éfeso e Antióquia, ofereciam as vidas de suas crianças em sacrifício aos meus oponentes... Em Jerusalém e Roma, depositavam suas vidas nas mãos daqueles que afirmavam me odiar e me combater com todas as forças.

"Em toda cidade sob o Sol, meu nome foi o eixo do círculo educacional da religião, das artes e da filosofia. Se não fosse por mim, nenhum templo teria sido levantado, nenhum forte ou palácio teria sido erguido. Eu sou a coragem que cria a determinação no homem... Sou a fonte que provoca a originalidade do pensamento... Sou a mão que move a mão dos homens... Sou Satã, o perene. Sou Satã, a quem as pessoas combatem para se manter vivas. Se pararem de lutar contra mim, a preguiça entorpecerá suas mentes, seus corações e suas almas, de acordo com as estranhas penalidades de seu mito tremendo.

"Sou a tempestade raivosa e muda que agita a mente dos homens e o coração das mulheres. E, por medo de mim, viajarão a locais de culto para me condenar, ou a locais de vício para me fazer feliz submetendo-se à minha vontade. O monge que reza no silêncio da noite para me manter afastado de seu leito é igual à prostituta que me convida para seu quarto. Sou Satã, o perene, o eterno.

"Sou o construtor de conventos e mosteiros, erguidos sobre as fundações do medo. Construo tavernas e bordéis sobre as fundações da luxúria e da autossatisfação. Se eu deixar de existir, o medo e o gozo serão abolidos do mundo e, com seu desaparecimento, os desejos e as esperanças deixarão de existir no coração humano. A vida se tornará vazia e fria, como uma harpa de cordas partidas. Sou Satã, o perene.

"Sou a inspiração da falsidade, da calúnia, da traição, da fraude e da zombaria, e se esses elementos fossem removidos deste mundo a sociedade humana ficaria como um campo deserto onde nada germinaria além de espinhos de virtude. Sou Satã, o perene.

"Sou o pai e a mãe do pecado, e se o pecado desaparecesse, os que combatem o pecado desapareceriam com ele, junto com suas famílias e suas estruturas.

"Sou o coração de todo mal. Você desejaria que o movimento humano se interrompesse com a cessação de meus batimentos cardíacos? Aceitaria o resultado depois de destruir a causa? Eu sou a causa! Você permitiria que eu morresse abandonado neste deserto? Deseja cortar o vínculo que existe entre você e eu? Responda, sacerdote!"

E Satã esticou os braços, estendeu a cabeça para a frente e arfou profundamente. Seu rosto ficou cinzento e ele parecia uma dessas estátuas egípcias derrubadas pelas eras às margens do Nilo. Então, fixou seus olhos cintilantes sobre o rosto do padre Samaan e disse, com voz balbuciante: "Estou fraco e cansado. Agi mal ao usar minhas últimas forças para lhe contar coisas que você já sabia. Agora, é preciso agir como bem lhe convier... Pode me levar para casa e tratar minhas feridas ou me deixar neste lugar para morrer".

O padre Samaan tremia e esfregava as mãos nervosamente. Com a voz de quem se desculpa, disse: "Sei agora o que não sabia uma hora atrás. Perdoe minha ignorância. Sei que sua existência neste mundo cria a tentação, e a tentação é uma medida pela qual Deus julga o valor das almas humanas. É uma balança que o Todo-poderoso usa para pesar os espíritos. Estou certo de que, se você morrer, a tentação morrerá. E com isso a morte destruirá o poder ideal que eleva e alerta o homem.

"Você precisa viver, pois se morrer e as pessoas ficarem sabendo, o medo que elas têm do inferno desaparecerá e elas deixarão de temer, pois nada será pecado. Precisa viver, pois em sua vida está a salvação da Humanidade do vício e do pecado.

"Quanto a mim, devo sacrificar meu ódio por você no altar de meu amor pelos homens".

Satã lançou uma risada que fez tremer o solo e disse: "Que pessoa inteligente você é, padre! E que sabedoria maravilhosa possui dos fatos teológicos! Pelo poder de sua sabedoria, você encontrou um propósito para minha existência que eu nunca tinha percebido, e agora nos damos conta da necessidade que temos um do outro.

"Aproxime-se de mim, meu irmão. A escuridão está submergindo as planícies e metade do meu sangue já escoou sobre as areias deste vale, e nada mais sobrou de mim além dos despojos de um corpo alquebrado que a morte em breve levará se você não prestar auxílio".

O padre Samaan enrolou as mangas de sua túnica e se aproximou. Colocou Satã sobre as costas e caminhou na direção de sua casa.

No meio daqueles vales mergulhados no silêncio e embelezados pelo véu da escuridão, o padre Samaan caminhava rumo à aldeia com o dorso curvo sob seu fardo pesado. Sua veste preta e sua longa barba estavam salpicadas do sangue que gotejava de cima dele, mas ele lutava para prosseguir, enquanto seus lábios se moviam em fervorosa oração pela vida do moribundo Satã.

As Sereias

Nas profundezas do mar, em torno das ilhas vizinhas onde o Sol nasce, existe um abismo. E lá, onde há pérola em abundância, jaz o cadáver de um jovem rodeado pelas sereias marinhas de longos cabelos dourados. Elas o contemplam com seus olhos de um azul-escuro, conversando entre si com vozes musicais. E a conversa, ouvida pelas profundezas e lançada na praia pelas ondas, foi trazida até mim pela brisa travessa.

Uma delas disse: "Este é um humano que entrou em nosso mundo ontem, enquanto nosso mar estava enfurecido".

E a segunda disse: "O mar não estava enfurecido. Os homens, que se dizem descendentes dos deuses, estavam fazendo guerra, e seu sangue está sendo derramado até a cor das águas ficar escarlate. Este humano é uma vítima da guerra".

A terceira comentou: "Não sei o que é guerra, mas sei que os homens, depois de terem dominado a terra, se tornaram agressivos e resolveram dominar os mares. Inventaram um objeto estranho que os carrega sobre as ondas, e assim nosso severo Netuno ficou enfurecido com tanta cobiça. Para agradar Netuno, os homens começaram a oferecer presentes e sacrifícios, e o corpo inerte diante de nós é a mais recente dádiva do homem ao nosso grande e terrível Netuno".

A quarta sereia afirmou: "Como Netuno é grande, e como é cruel seu coração! Se eu fosse o senhor dos oceanos, recusaria aceitar esse tributo... Venham, vamos examinar essa oferenda. Talvez possamos aprender mais sobre a raça dos humanos".

As sereias se aproximaram do jovem, vasculharam seus bolsos e encontraram um bilhete perto de seu coração. Uma delas o leu em voz alta para as outras:

> *Meu Amado,*
> *Meia-noite veio outra vez e não tenho outro consolo além de minhas lágrimas copiosas, e nada que me conforte além da esperança do teu retorno para mim do meio das garras sangrentas da guerra. Não posso esquecer tuas palavras quando partiste: "Todo homem tem um tesouro de lágrimas que deve lhe ser pago algum dia".*
> *Não sei o que dizer, meu Amado, mas minha alma se derramará no pergaminho... minha alma sofre com a separação, mas é consolada pelo amor que transforma a dor em alegria e o pesar em felicidade. Quando o amor juntou nossos corações e ansiamos pelo dia em que nossos dois corações seriam unidos pelo sopro poderoso de Deus, a guerra gritou seu terrível chamado e tu a seguiste, levado por teu dever para com os chefes.*
> *Mas que dever é esse que separa os amantes e transforma as mulheres em viúvas e as crianças em órfãos? Que patriotismo é esse que provoca guerras e destrói os reinos por frivolidades? E que causa pode ser mais frívola quando comparada a uma única vida? Que dever é esse que convida os pobres camponeses, desprezados pelos poderosos e pelos filhos e herdeiros da nobreza, a morrer pela glória de seus opressores? Se o dever destrói a paz entre as nações, e o patriotismo perturba a tranquilidade da vida humana, vamos então dizer: "A paz esteja com o dever e o patriotismo".*
> *Não, não, meu Amado! Não ouças minhas palavras! Sê corajoso e fiel ao teu país... Não dês atenção à conversa*

de uma donzela cega de amor e perdida entre a saudade e a solidão... Se o amor não te devolver a mim nesta vida, então o amor certamente nos reunirá na vida por vir.

Tua para sempre.

As sereias repuseram o bilhete sob as vestes do jovem e nadaram para longe em silêncio e pesarosas. Quando voltaram a se reunir, a certa distância do corpo do soldado morto, uma delas disse: "O coração humano é mais severo ainda do que o coração cruel de Netuno".

Nós e Vocês

Nós somos os filhos do Pesar
e vocês são os filhos da Alegria.
Nós somos os filhos do Pesar
e o Pesar é a sombra de um Deus
que não vive no domínio dos corações cruéis.

Somos espíritos pesarosos,
e o Pesar é grande demais para existir em corações pequenos.
Quando vocês sorriem, nós choramos e lamentamos;
e aquele que é marcado e limpo uma vez com suas
[próprias lágrimas
permanecerá puro para todo o sempre.

Vocês não nos entendem,
mas lhes oferecemos nossa solidariedade.
Vocês estão correndo com a torrente do rio da Vida
e não nos levam em consideração.
Mas nós estamos sentados junto à margem,
observando vocês e ouvindo suas estranhas vozes.

Vocês não escutam nosso chamado,
pois o clamor dos dias não deixa espaço em seus ouvidos,
entupidos com a substância dura
de tantos anos de indiferença para com a verdade.
Mas nós ouvimos suas canções,
pois o sussurro da noite abriu o íntimo de nossos corações.
Vemos vocês, de pé sob o foco desvelador da luz,
mas vocês não conseguem nos ver, pois estamos ocultos
na escuridão iluminadora.

Somos os filhos do Pesar. Somos os poetas
e os profetas e os músicos.
Tecemos vestes para a deusa com os fios de nossos corações,
e enchemos as mãos dos anjos
com as sementes de nosso eu interior.

Vocês são os filhos da busca da alegria mundana.
Colocam seus corações nas mãos do Vazio,
pois o toque da mão do Vazio é suave e convidativo.

Residem na casa da Ignorância,
pois na casa dela não existe nenhum espelho
onde possam contemplar suas almas.

Suspiramos, e de nossos suspiros é que brotam
os sussurros das flores, o farfalhar das folhas
e o murmúrio dos riachos.

Quando vocês nos ridicularizam,
seus insultos se misturam com o esmagar dos crânios
e o estrépito dos grilhões e o lamento do Abismo.

Nós e Vocês

Quando choramos,
nossas lágrimas caem dentro do coração da Vida,
como as gotas de orvalho caem dos olhos da noite
dentro do coração da Aurora.
E quando vocês riem, sua risada zombeteira escorre
como o veneno da víbora para dentro de uma ferida.

Nós choramos e nos solidarizamos
com o peregrino miserável e a viúva aflita.
Mas vocês se rejubilam e sorriem
à visão do ouro resplendente.

Nós choramos, pois ouvimos o lamento dos pobres
e o sofrimento dos fracos oprimidos.
Mas vocês riem, pois não ouvem nada a não ser
o som alegre das taças de vinho.

Nós choramos, pois nossos espíritos, neste momento,
estão separados de Deus.
Mas vocês riem, pois seus corpos
se apegam despreocupados à terra.

Somos os filhos do Pesar
e vocês são os filhos da Alegria...
Vamos medir o resultado de nosso pesar
contra os feitos de sua alegria
diante da face do Sol...

Vocês construíram as pirâmides sobre os corações dos escravos,
mas as pirâmides se erguem agora sobre a areia,
celebrando ao longo das eras nossa imortalidade
e a evanescência de vocês.

Construíram Babilônia sobre os ossos dos fracos
e ergueram os palácios de Nínive sobre o túmulo dos miseráveis.
Babilônia agora não passa da pegada de um camelo
sobre a areia movente do deserto,
e sua história é recontada às nações
que nos abençoam e amaldiçoam vocês.

Nós esculpimos Ishtar no mármore sólido
e a fizemos tremer em sua solidez
e falar através de sua mudez.

Compusemos e tocamos com as cordas
a canção maviosa de Nahawand
e fizemos o Espírito Amado pairar no firmamento perto de nós.
Louvamos o Ser Supremo com palavras e gestos.
As palavras se tornaram as palavras de Deus
e os gestos se tornaram o amor irresistível dos anjos.

Vocês estão seguindo a Diversão, cujas garras afiadas
despedaçaram milhares de mártires nas arenas de
                                       [Roma e Antióquia.
Mas nós seguimos o Silêncio, cujos dedos cuidadosos
teceram a *Ilíada*, o *Livro de Jó* e as *Lamentações de Jeremias*.

Vocês se deitam com a Luxúria, cuja tempestade
varreu para longe mil procissões da alma da Mulher
e a lançou dentro do antro da vergonha e do horror...

Nós e Vocês

Mas nós abraçamos a Solidão, em cuja sombra
as belezas de Hamlet e Dante despertam.

Vocês bajulam a Cobiça,
e as espadas afiadas da Cobiça têm derramado
milhares de rios de sangue...
Mas nós buscamos a companhia da Verdade,
e as mãos da Verdade têm trazido a Sabedoria
de dentro do Grande Coração do Círculo de Luz.

Somos os filhos do Pesar
e vocês são os filhos da Alegria.
E entre nosso pesar e sua alegria
existe uma trilha íngreme e estreita
que seus cavalos fogosos não podem atravessar
e onde suas magníficas carruagens não conseguem passar.

Nós nos apiedamos de sua pequenez
tanto quanto vocês odeiam nossa grandeza.
E entre nossa piedade e seu ódio
o Tempo se detém, aturdido.
Chegamos a vocês como amigos,
mas vocês nos atacam como inimigos.
E entre nossa amizade e sua inimizade
existe uma ravina profunda,
onde correm lágrimas e sangue.

Erguemos palácios para vocês,
e vocês cavam túmulos para nós.

E entre a beleza dos palácios e a escuridão dos túmulos
a Humanidade caminha como uma sentinela com armas de fogo.

Espalhamos rosas em sua trilha
e vocês cobrem nossos leitos de espinhos.
E entre as rosas e os espinhos
a Verdade cochila, aos sobressaltos.

Desde o começo do mundo
vocês têm lutado com sua fraqueza tosca contra nosso poder gentil.
E quando triunfam sobre nós por uma hora
vocês grasnam e coaxam alegremente
como os sapos à beira d'água.
E quando nós conquistamos vocês e os dominamos por uma era
permanecemos como gigantes silenciosos.

Vocês crucificaram Jesus e ficaram aos pés d'Ele,
blasfemando e zombando,
mas finalmente Ele desceu e conquistou as gerações,
e caminhou entre vocês como um herói,
enchendo o Universo com Sua glória e Sua beleza.

Vocês envenenaram Sócrates e apedrejaram Paulo,
destruíram Ali Thalib e assassinaram Madhat Pasha,
e no entanto estes imortais estão conosco para sempre
diante da face da Eternidade.

Mas vocês vivem na memória do homem
como cadáveres sobre a face da Terra,
e não conseguem encontrar um amigo que os possa enterrar

na escuridão da não existência e do olvido
que vocês buscaram sobre a terra.

Somos os filhos do Pesar
e o pesar é uma nuvem rica
que rega as multidões com Sabedoria e Verdade.
Vocês são os filhos da Alegria,
e por mais alto que sua alegria possa chegar
pela lei de Deus ela deve ser destruída
pelos ventos do paraíso
e dispersa no nada, pois ela não passa
de uma tênue e cambaleante coluna de fumaça.

O Poeta

Sou um estranho neste mundo, e há uma solidão severa e uma melancolia pesarosa em meu exílio. Sou um solitário, mas em minha solidão contemplo um reino desconhecido e encantador, e esta meditação enche meus sonhos de espectros de uma grande terra distante que meus olhos nunca viram.

Sou um estranho em meio às pessoas e não tenho amigo nenhum. Quando vejo uma pessoa, digo a mim mesmo: "Quem é ele? De que maneira o conheço? Por que ele está aqui? Que lei me juntou a ele?".

Sou um estranho para mim mesmo, e quando ouço minha língua falar, meus ouvidos se espantam com minha voz. Vejo meu eu interior sorrir, chorar, arrostar e temer. E minha existência se espanta com minha substância enquanto minha alma interroga meu coração. Mas permaneço desconhecido, mergulhado num tremendo silêncio.

Meus pensamentos são estranhos ao meu corpo, e quando me ponho diante do espelho vejo algo em meu rosto que minha alma não vê, e encontro em meus olhos o que meu eu interior não encontra.

Quando caminho com meu olhar vago pelas ruas da cidade ruidosa, as crianças me seguem, gritando: "Este é um homem cego! Vamos dar a ele um cajado para saber por onde anda". Quando fujo delas, encontro um grupo de mocinhas que puxam as bordas de minha veste, dizendo: "Ele é surdo como uma pedra. Vamos encher seus ouvidos com a música do amor". E quando escapo delas uma multidão de gente idosa aponta para mim com dedos trêmulos e diz: "Este é um louco que perdeu a razão no mundo dos espectros e dos fantasmas".

Sou um estranho neste mundo, e não há ninguém no Universo que entenda a língua que falo. Retalhos de lembranças bizarras se cruzam repentinamente em meu espírito, e meus olhos produzem imagens estranhas e vultos tristonhos. Caminho nas pradarias desertas, observando os riachos que correm depressa, subindo e subindo desde as profundezas do vale até o topo da montanha. Contemplo as árvores nuas que florescem e frutificam e derramam suas folhas em um instante, e logo vejo os galhos caírem e se transformarem em cobras sarapintadas. Vejo os pássaros planando bem alto, cantando e gemendo. De repente, eles param e abrem suas asas e se transformam em donzelas desnudas com longos cabelos, olhando para mim por trás de olhos pintados e enfatuados, e sorrindo para mim com lábios grossos lambuzados de mel, estendendo suas mãos perfumadas na minha direção. De repente, elas ascendem e desaparecem de vista como fantasmas, deixando no firmamento o eco ressoante de seu escárnio e de sua risada zombeteira.

Sou um estranho neste mundo... Sou um poeta que compõe o que a vida narra, e que narra o que a vida compõe.

Por esta razão sou um estranho, e permanecerei estranho até que as asas brancas e amistosas da Morte me carreguem para casa em meu lindo país. Lá, onde a luz, a paz e a compreensão habitam, ficarei à espera dos outros estranhos que serão resgatados pela gentil armadilha do tempo deste mundo estreito e escuro.

Cinzas das Eras e Fogo Eterno

Parte I
Primavera do Ano 116 a.C.

A noite tinha caído e o silêncio prevalecia enquanto a vida cochilava na Cidade do Sol,[1] e as lâmpadas estavam apagadas nas casas dispersas em torno dos templos majestosos, em meio às oliveiras e aos loureiros. A Lua derramava seus raios prateados sobre as colunas de mármore branco que se erguiam como gigantes no silêncio da noite, guardando os templos dos deuses e contemplando com perplexidade na direção das torres do Líbano que se mantinham de sentinela sobre as cabeceiras das colinas distantes.

Naquela hora, enquanto as almas sucumbiam ao avanço do sono, Natã, filho do sumo sacerdote, entrou no templo de Ishtar, levando uma tocha nas mãos trêmulas. Acendeu as lâmpadas e incensários até que o odor perfumado da mirra e do olíbano alcançou os ângulos mais distantes. Então, ele se ajoelhou diante do altar, adornado com incrustações de marfim e ouro, ergueu as mãos na direção de Ishtar e, com voz aflita e entrecortada, disse:

---

1. Baalbek, ou Cidade de Baal, chamada pelos antigos de "Cidade do Sol" (Heliópolis, em grego), foi construída em honra do Deus-Sol, e os historiadores afirmam que era a mais bela cidade do Oriente Médio. Suas ruínas, que podem ser vistas hoje em dia, indicam que a arquitetura foi amplamente influenciada pelos romanos durante a ocupação da Síria. (N.E.)

"Tem piedade de mim, ó grande Ishtar, deusa do amor e da beleza. Tem piedade e remove as mãos da morte que estão sobre minha amada, a quem minha alma escolheu por tua vontade... As poções dos médicos e dos magos não restauram sua vida, nem os encantamentos dos sacerdotes e dos feiticeiros. Nada mais pode ser feito a não ser tua sagrada vontade. Tu és minha guia e meu auxílio. Tem piedade de mim e atende minhas preces![2] Olha para meu coração contrito e minha alma condoída! Poupa a vida de minha amada para que possamos gozar dos segredos do teu amor, e nos rejubilar na beleza da juventude que revela o mistério de tua força e sabedoria. Do fundo de meu coração eu clamo a ti, ó excelsa Ishtar, e por trás da escuridão da noite imploro tua misericórdia. Ouve-me, ó Ishtar! Sou teu bom servo Natã, filho do sumo sacerdote Hiram, e devoto todos os meus gestos e palavras à tua grandeza em teu altar.

"Amo uma donzela dentre todas as donzelas, e fiz dela minha companheira, mas as noivas-*djim*[3] invejaram-na e sopraram em seu corpo uma estranha aflição e enviaram até ela o mensageiro da morte, que está de pé ao lado de seu leito como um espectro faminto, abrindo acima dela suas negras asas descarnadas, estendendo suas garras afiadas, prontas para se abater sobre ela. Venho aqui agora implorar que tenhas misericórdia de mim e poupes aquela flor que ainda não gozou do verão da vida.

"Salva-a da garra da morte para que possamos cantar alegremente o teu louvor e queimar incenso em tua honra e oferecer sacrifícios em teu altar, enchendo teus vasos de óleo perfumado e espalhando rosas e violetas sobre o pórtico de teu local de adoração, queimando o olíbano diante de seu santuário. Salva-a, ó Ishtar,

---

2. Ishtar era a grande deusa dos fenícios. Eles a adoravam nas cidades de Tiro, Sídon, Sur, Djabeil e Baalbek, e descreviam-na como a Combustora da Tocha da Vida e Guardiã da Juventude. A Grécia passou a adorá-la por influência dos fenícios, chamando-a de deusa do amor e da beleza. Os romanos chamavam-na de Vênus. (N.E.)

3. *Djim*: designação dada pelos árabes a entidades, benfazejas ou maléficas, superiores aos homens e inferiores aos anjos. (N.T.)

deusa dos milagres, e deixa o amor vencer a morte nesta luta da Alegria contra o Pesar".[4]

Natã então se calou. Seus olhos estavam inundados de lágrimas e seu coração lançava suspiros dolorosos. Em seguida, continuou: "Ai de mim! Meus sonhos estão despedaçados, ó divina Ishtar, e meu coração está se derretendo por dentro. Aviva-me com tua misericórdia e poupa minha amada".

Naquele momento, um de seus escravos entrou no templo, correu até Natã e sussurrou-lhe: "Ela abriu os olhos, mestre, e olhou em volta da cama, mas não pôde ver-te. Então, chamou por ti, e eu vim a toda pressa te avisar".

Natã partiu correndo e o escravo o seguiu.

Quando chegou a seu palácio, entrou na câmara da donzela moribunda, inclinou-se sobre o leito, segurou sua mão frágil e estampou diversos beijos sobre seus lábios como se se esforçasse por soprar no corpo dela uma vida nova com sua própria vida. Ela mexeu a cabeça nas almofadas de seda e abriu os olhos. E sobre seus lábios apareceu o fantasma de um sorriso que era o tênue resíduo de vida em seu corpo definhado... o eco do chamado de um coração prestes a parar. E com uma voz que se assemelhava aos gritos enfraquecidos de uma criança faminta no seio de uma mãe cujo leite secou, ela disse: "A deusa me chamou, ó vida de minha alma, e a morte veio me separar de ti. Mas não temas, pois a vontade da deusa é sagrada e as exigências da morte são justas. Estou de partida agora, e ouço o sussurro do vazio que desce, mas as taças do amor e da juventude ainda estão cheias em nossas mãos, e as trilhas floridas da bela vida se estendem diante de nós. Estou embarcando, meu amado, numa arca do espírito, e retornarei

---

4. Durante a Idade da Ignorância, os árabes acreditavam que se uma *djim* amasse um jovem humano, ela o impediria de se casar, e se ele se casasse ela enfeitiçaria a noiva e a faria morrer. Essa superstição mitológica persiste hoje em dia em algumas pequenas aldeias do Líbano. (N.E.)

a este mundo, pois a grande Ishtar devolverá à vida as almas dos humanos apaixonados que partiram para a Eternidade antes que pudessem gozar da doçura do amor e da felicidade da juventude.

"Nós nos encontraremos de novo, ó Natã, e beberemos juntos o orvalho da aurora nas taças de pétalas dos lírios e nos alegraremos com os pássaros dos campos sobre as cores do arco-íris. Até lá, meu Eterno, adeus".[5]

Sua voz diminuiu e seus lábios tremeram como uma flor solitária diante das rajadas do alvorecer. Natã abraçou-a vertendo lágrimas e, ao tocar seus lábios nos dela, sentiu-os frios como uma pedra do campo. Soltou um grito terrível e começou a rasgar suas vestes. Lançou-se sobre o corpo sem vida da amada, enquanto sua alma espedaçada vagava sem rumo entre as montanhas da vida e o precipício da morte.

No silêncio da noite, as almas adormecidas foram acordadas. Mulheres e crianças se amedrontaram ao ouvir poderosos estrondos, dolorosos lamentos e queixas amargas vindos dos lados do palácio do sumo sacerdote de Ishtar.

Quando a manhã fatigada chegou, as pessoas perguntaram por Natã para oferecer-lhe solidariedade, mas souberam que ele tinha desaparecido. E depois de duas semanas o chefe de uma caravana vinda do Oriente contou que tinha visto Natã no deserto longínquo, vagando junto a um bando de gazelas.

As eras passaram, esmagando com seus pés invisíveis os frágeis atos das civilizações, e a deusa do amor e da beleza tinha abandonado o país. Uma deusa estranha e caprichosa tomou

---

5. Muitos asiáticos sustentam esta crença com convicção, tendo-a derivado de seus escritos sagrados. Maomé disse: "Tu morreste e Ele te trouxe de volta à vida, e Ele te matará novamente e de novo te fará reviver, para que sempre voltes para Ele". Buda disse: "Ontem existimos nesta vida, e agora viemos de novo, e continuaremos a voltar até nos tornarmos perfeitos como o Deus". (N.E.)

seu lugar. Ela destruiu os templos magníficos da Cidade do Sol e demoliu seus belos palácios. Os pomares fecundos e as férteis pradarias foram lançados ao abandono, e nada sobrou naquele lugar, exceto ruínas que relembravam às almas enfermas os fantasmas do Ontem, repetindo aos espíritos pesarosos somente o eco dos hinos de glória.

Mas as eras impiedosas que esmagaram os feitos dos homens não puderam destruir seus sonhos. Tampouco puderam enfraquecer seu amor, pois os sonhos e os afetos são coeternos ao Espírito Imortal. Podem desaparecer por algum tempo, perseguindo o Sol quando a noite vem, e as estrelas quando surge a manhã, mas tal como as luzes do céu, eles seguramente retornam.

Parte II
Primavera do Ano 1890 d.C.

O dia estava no fim, a natureza fazia seus muitos preparativos para o repouso e o Sol recolhia seus raios dourados das planícies de Baalbek. Ali El-Hosseini[6] trouxe seu rebanho de volta ao abrigo no meio das ruínas dos templos. Sentou-se ali, perto das velhas colunas que simbolizavam os ossos de incontáveis soldados deixados para trás no campo de batalha. As ovelhas se reuniram em torno dele, encantadas com a música de sua flauta.

Meia-noite chegou e o céu semeava os grãos do dia seguinte nos sulcos profundos da escuridão. Os olhos de Ali ficaram cansados dos espectros da vigília, e sua mente estava esgotada com a procissão de fantasmas marchando em horrível silêncio em meio às paredes demolidas. Ele se deitou sobre o braço e o sono capturou seus sentidos com a extremidade de seu véu trançado, como

---
6. Os Hosseini são uma tribo árabe que atualmente vive em tendas armadas nas planícies em torno das ruínas de Baalbek. (N.E.)

uma nuvem delicada tocando a face de um lago tranquilo. Ele se esqueceu de seu eu verdadeiro e encontrou seu eu invisível, rico de sonhos e de ideais mais elevados que as leis e os ensinamentos dos homens. O círculo de visão se ampliou diante de seus olhos, e os segredos ocultos da vida gradualmente se exibiram para ele. Sua alma abandonou o desfile rápido do tempo que corre rumo ao nada; ela ficou de pé sozinha diante de pensamentos simétricos e ideias de cristal. Pela primeira vez em sua vida, Ali estava consciente das causas da fome espiritual que tinha acompanhado sua juventude... A fome que nivela o fosso entre a doçura e a amargura da vida... Essa sede que une no contentamento os suspiros da afeição e o silêncio da satisfação... Esse anseio que não pode ser subjugado pela glória do mundo nem envergado pelo passar das eras. Ali sentiu uma onda de estranha afeição e de gentil ternura dentro de si, e era a memória, reanimando-se como incenso colocado sobre tições... Era um amor mágico, cujos dedos macios tinham tocado o coração de Ali tal como os dedos delicados de um músico tocam cordas tremulantes. Era um poder novo emanando do nada e crescendo com força, abraçando seu eu real e enchendo seu espírito de amor ardente, ao mesmo tempo doce e doloroso.

    Ali olhou para as ruínas, e seus olhos pesados ficaram alertas enquanto ele imaginava a glória daqueles santuários devastados que muito tempo atrás se erguiam como templos poderosos, inexpugnáveis e eternos. Seus olhos ficaram imóveis e o ritmo de seu coração se acelerou. E tal como um homem cego cuja visão foi repentinamente restaurada, ele começou a ver, a pensar e a meditar... Relembrou as lâmpadas e os incensários de prata que rodeavam a imagem de uma deusa adorada e venerada... Recordou-se dos sacerdotes oferecendo sacrifícios diante de um altar construído de marfim e ouro... Reviu as virgens dançarinas, os tocadores de tamborim e os cantores que entoavam o louvor da deusa do amor e da beleza. Viu tudo isso à sua frente, e sentiu a impressão da obscuridade daquelas coisas nas profundezas embargadas de seu coração.

Mas a memória sozinha não traz nada além de ecos de vozes ouvidas nas profundezas do tempo mais remoto. Qual é, então, a relação estranha entre essas poderosas lembranças reunidas e a verdadeira vida passada de um simples jovem que nasceu numa tenda e que levava a primavera de sua vida guardando ovelhas nos vales?

Ali se recompôs e caminhou em meio às ruínas, e as lembranças insistentes subitamente rasgaram o véu de esquecimento de seus pensamentos. Quando alcançou a grande e cavernosa entrada do templo, deteve-se como se um poder magnético o agarrasse e prendesse seus pés. Ao olhar para baixo, deparou-se com uma estátua esmagada no chão. Livrou-se das garras do Invisível e imediatamente as lágrimas de sua alma se desataram e escorreram como o sangue que se derrama de uma ferida profunda. Seu coração rugia num vaivém igual ao das ondas do mar bravio. Ele suspirou com amargura e chorou de aflição, pois sentia uma solidão que o apunhalava e uma saudade destruidora que se abria como um abismo entre seu coração e o coração daquele de quem fora arrancado antes de entrar nesta vida. Sentiu que o elemento de sua alma não passava de uma chama da tocha ardente que Deus tinha separado de Si mesmo antes do transcorrer das eras. Percebeu o leve toque de asas delicadas farfalhando em torno de seu coração flamejante, e um grande amor o possuiu... Um amor cujo poder separa a mente do mundo da quantidade e da medida... Um amor que fala quando a língua da vida está emudecida... Um amor que se levanta como um farol azul para apontar o caminho, guiando sem luz visível. Esse amor ou esse Deus que desceu naquela hora calma sobre o coração de Ali tinha gravado em seu ser uma afeição amarga e doce, como espinhos que crescem ao lado das flores desabrochadas.

Mas quem é este amor e de onde ele vem? O que deseja de um pastor ajoelhado no meio dessas ruínas? Será uma semente lançada ao acaso no solo do coração por uma jovem beduína? Ou um raio surgido por trás da nuvem escura para iluminar a vida?

Será um sonho que rasteja por perto no silêncio da noite para ridicularizá-lo? Ou será a Verdade que existiu desde o Início e que continuará a existir até o fim?

Ali fechou seus olhos cheios de lágrimas, estendeu os braços como um pedinte e exclamou: "Quem és tu, tão perto de meu coração mas distante de minha vista, e todavia agindo como uma grande muralha entre mim e meu eu verdadeiro, amarrando meu presente com meu passado esquecido? És o fantasma de um espectro vindo da Eternidade para me mostrar a vaidade da Vida e a fraqueza da humanidade? Ou o espírito de um *djim* surgido de dentro das entranhas da terra para me escravizar e me tornar objeto de escárnio entre os jovens de minha tribo? Quem és tu e o que é esse estranho poder que ao mesmo tempo mortifica e aviva meu coração? Quem sou eu e quem é esse estranho a quem chamo de 'Eu'? A água da vida que bebi terá feito de mim um anjo, vendo e ouvindo os segredos misteriosos do Universo, ou é somente um vinho ruim que me intoxicou e me cegou de mim mesmo?".

Ele se calou, enquanto sua ansiedade crescia e seu espírito exultava. Logo continuou: "Oh, o que a alma revela e o que a noite esconde... Oh, belo espírito pairando no céu de meu sonho! Tu despertaste em mim uma plenitude adormecida, como sementes sadias escondidas sob os mantos de neve. Tu passaste por mim como uma brisa travessa carregando para meu ser faminto a fragrância das flores do paraíso. Tocaste meus sentidos e os fizeste tremular como as folhas das árvores. Deixa-me olhar para ti agora se és humano, ou manda que o sono feche meus olhos para que eu veja tua vastidão através do meu ser interior. Deixa-me tocar-te, deixa-me ouvir tua voz. Arranca esse véu que oculta meu inteiro propósito e destrói essa muralha que esconde minha divindade de meus olhos iluminados, e põe sobre mim um par de asas para que possa voar sobre ti até os salões do Universo Supremo. Ou enfeitiça meus olhos para que possa seguir-te ao esconderijo dos *djins* se fores uma de suas noivas. Se eu for digno, põe tua mão sobre meu coração e possui-me".

Ali estava sussurrando essas palavras dentro da escuridão mística quando, à sua frente, rastejaram os fantasmas da noite, como se fossem vapores vindos de suas lágrimas fervilhantes. Sobre as paredes do templo, ele vislumbrou pinturas mágicas traçadas pelo pincel do arco-íris.

Passou-se, então, uma hora, com Ali vertendo lágrimas, festejando em seu apuro miserável e ouvindo as batidas de seu coração, olhando para além dos objetos como se estivesse observando as imagens da vida desvanecerem lentamente e serem substituídas por um sonho, estranho em sua beleza e terrível em enormidade. Tal como um profeta que medita as estrelas do céu à espera da Descida e da Revelação, ponderou o poder existente para além dessas contemplações. Sentiu que seu espírito o deixava e sondava através dos templos em busca de um segmento de si mesmo, inestimável mas desconhecido, perdido entre as ruínas.

A aurora tinha surgido e o silêncio rugiu com o passar da brisa. Os primeiros raios de luz se insinuaram, iluminando as partículas do éter, e o céu sorriu como um sonhador vendo o fantasma de sua amada. Os pássaros se aventuraram fora de seu santuário nas fendas das paredes e emergiram nos salões de colunas, cantando suas orações matinais.

Ali pôs a mão recurvada sobre a testa, olhando para baixo com olhos vidrados. Tal como Adão, quando Deus abriu seus olhos com o sopro todo-poderoso, Ali viu novos objetos, estranhos e fantásticos. Aproximou-se então de suas ovelhas e as chamou, e por isso elas o seguiram calmamente rumo aos campos viçosos. Ele as guiou, enquanto espiava o céu como um filósofo adivinhando e meditando os segredos do Universo. Alcançou um riacho, cujo murmúrio era bálsamo para o espírito, e sentou-se à margem da nascente sob um salgueiro, cujos ramos se debruçavam sobre as
águas como se estivessem bebendo das profundezas refrescantes. O orvalho da manhã cintilava sobre a lã das ovelhas enquanto

pastavam entre as flores e a grama verde.

Em poucos instantes, Ali novamente sentiu que seus batimentos cardíacos estavam aumentando rapidamente e seu espírito começou a vibrar com violência, quase visivelmente. Tal como uma mãe despertada de repente pelo grito de seu filho, ele se ergueu num salto e, como se seus olhos estivessem atraídos por ela, viu uma linda donzela carregando um jarro sobre o ombro, aproximando-se devagar do outro lado do riacho. Ao atingir a margem e se inclinar para a frente para encher seu jarro, ela espiou o outro lado e seus olhos viram os olhos de Ali. Como se estivesse louca, ela gritou, deixou cair o jarro e bateu em veloz retirada. Mas logo se voltou, fitando Ali com uma incredulidade ansiosa e angustiante.

Passou-se um minuto, cujos segundos foram lâmpadas cintilantes iluminando os corações e espíritos de ambos, e o silêncio trouxe uma vaga recordação, revelando-lhes imagens e cenas muito distantes daquele riacho e daquelas árvores. Eles se ouviram mutuamente no silêncio cheio de compreensão, escutando os suspiros do coração e da alma um do outro com olhos cheios d'água, até que o reconhecimento total prevaleceu entre os dois.

Ali, ainda impelido por um misterioso poder, saltou sobre o riacho e se aproximou da donzela, abraçou-a e gravou um longo beijo sobre os lábios dela. Como se a doçura da carícia de Ali tivesse usurpado sua vontade, ela não se moveu, como se o toque delicado dos braços de Ali tivesse roubado sua força. Ela se rendeu a ele como a fragrância do jasmim se entrega à vibração da brisa, carregando-a para o firmamento infinito.

Ela pôs a cabeça sobre o peito dele como uma pessoa torturada que encontrou descanso. Suspirou profundamente... um suspiro que anunciava o renascimento da felicidade num coração dilacerado e proclamava uma revolução de asas que tinham ascendido após terem estado feridas e condenadas à terra.

Ela ergueu a cabeça e olhou para ele com sua alma... o olhar de um humano que, em poderoso silêncio, faz pouco caso das palavras convencionais usadas entre os seres humanos; a expressão que oferece miríades de pensamentos na língua muda do coração. Ela trazia o olhar de uma pessoa que aceita o amor, não como um espírito num corpo de palavras, mas como uma reunião que ocorre muito tempo depois que duas almas foram separadas pela terra e unidas por Deus.

O casal enamorado caminhou em meio aos salgueiros e a singularidade dos dois seres era uma língua falante para sua unificação; um olho vidente para a glória da felicidade; um ouvinte silencioso para a tremenda revelação do amor.

As ovelhas continuavam a pastar e os pássaros do céu ainda pairavam acima de seus corações, cantando a música da aurora, que acompanha o vazio da noite. Quando chegaram ao fim do vale, o Sol apareceu, desdobrando um manto dourado sobre os morros e colinas, e eles se sentaram ao lado de uma rocha onde as violetas se escondiam. A donzela olhou dentro dos olhos negros de Ali, enquanto a brisa acariciava seus cabelos, como se seus sopros vacilantes fossem pontas de dedos ansiosas por doces beijos. Ela sentia como se alguma carícia mágica e forte estivesse tocando seus lábios à sua revelia, e com uma voz serena e encantadora disse: "Ishtar restaurou nossos dois espíritos da outra vida para esta, para que não nos seja negada a alegria do amor e a glória da juventude, meu amado".

Ali fechou os olhos, como se a voz musical dela lhe trouxesse imagens de um sonho que tivera, e ele sentiu um par de asas invisíveis carregando-o daquele lugar e depositando-o numa câmara estranha ao lado da cama sobre a qual jazia o cadáver de uma donzela, cuja beleza tinha sido cobrada pela morte. Ele gritou, apavorado, e então abriu os olhos e descobriu aquela mesma donzela sentada ao seu lado, e sobre os lábios dela se desenhou um sorriso. Os olhos da moça brilharam com os raios da vida. A face de Ali se acendeu e seu coração foi tranquilizado. O fantasma de sua visão retirou-se lentamente até ele esquecer por inteiro o passado e suas inquietações. Os dois amantes se abraçaram e tomaram o vinho dos beijos doces juntos até ficar embriagados. Cochilaram, envoltos um nos braços do outro, até que o último retalho de sombra se dispersasse e o Poder Eterno os despertasse.

Entre a Noite e o Amanhecer

Cala-te, meu coração,
pois o espaço não te pode ouvir.
Cala-te, pois o éter
está repleto de choros e lamúrias,
e não pode carregar tuas canções e hinos.

Cala-te, pois os fantasmas da noite
não darão ouvidos aos sussurros de teus segredos.
Nem tampouco as procissões das trevas
se deterão diante de teus sonhos.

Cala-te, meu coração, até chegar a Aurora,
pois aquele que aguarda pacientemente o amanhecer
certamente o encontrará,
e aquele que ama a luz será amado pela luz.

Cala-te, meu coração, e escuta a minha história.
Em meu sonho, vejo um rouxinol
cantando sobre a cratera de um vulcão furioso.
Vejo um lírio erguendo sua cabeça acima da neve,

uma *huri*[1] desnuda dançando no meio dos túmulos
e uma criança brincando com caveiras enquanto ri.

Vi todas essas imagens em meu sonho
e quando abri os olhos e olhei ao meu redor
vi o vulcão ainda raivoso,
mas já não ouvi o rouxinol cantando,
nem o vi pairando no ar.

Vi o céu derramando neve sobre os campos e vales
e escondendo sob mantos brancos os corpos
                              [dormentes dos lírios.
Vi uma fileira de túmulos diante do silêncio das Eras,
mas não havia ninguém dançando ou rezando no meio deles.
Vi um monte de caveiras,
mas ninguém lá estava rindo, a não ser o vento.

Em minha vigília só vi o desgosto e o pesar.
Que foi feito da alegria e da doçura de meu sonho?
Para onde foi a beleza de meu sonho,
e de que modo as imagens desapareceram?
Como pode a alma ter paciência
até que o Sono restaure os espectros felizes
da esperança e do desejo?

Ouve bem, meu coração, e escuta minha história.
Ontem minha alma era como uma árvore velha e forte,
cujas raízes se agarravam às profundezas da terra
e cujos ramos alcançavam o Infinito.

---

[1]. Cada uma das virgens extremamente belas que, segundo o *Alcorão*, hão de desposar, no Paraíso, os fiéis muçulmanos. (N.T.)

Minha alma florescia na primavera,
dava frutos no verão,
e quando vinha o outono
eu reunia os frutos numa bandeja de prata
e a colocava junto à porção do peregrino na rua.
E todos os que passavam compartilhavam de bom grado
e continuavam a caminhar.

E quando o outono se foi
e submergiu seu júbilo sob o queixume e a lamentação,
olhei para minha bandeja e só encontrei uma fruta
                                  [remanescente.
Apanhei-a e a levei à boca, mas achei-a amarga como fel
e azeda como as uvas duras.
Disse então para mim mesmo: "Que desgraça a minha,
pois lancei uma maldição na boca das pessoas
e uma doença em seus corpos.
O que fizeste, minha alma,
da seiva doce que tuas raízes sorveram da terra,
e da fragrância que extraíste do céu?".
Com raiva, arranquei das profundezas da terra
a árvore forte e velha de minha alma,
com cada uma de suas raízes lutadoras.

Eu a desarraiguei do passado
e dela tomei as lembranças de mil primaveras e mil outonos,
e plantei a árvore de minha alma em outro lugar.
Ela agora estava num prado
muito longe da trilha do Tempo.
E cuidei dela dia e noite, dizendo a mim mesmo:
"A vigília nos levará para mais perto das estrelas".

Reguei-a com sangue e com lágrimas, dizendo:
"Há um sabor no sangue e uma doçura nas lágrimas".
Quando a primavera retornou,
minha árvore floresceu novamente,
e no verão ela deu frutos.
E quando veio o outono,
reuni todas as frutas maduras numa bandeja de ouro
e a ofereci na via pública,
mas aquela gente passava sem ninguém desejar meus frutos.

Então, peguei uma fruta e a levei aos lábios,
e ela era doce como o favo de mel
e inebriante como o vinho de Babilônia
e perfumada como o jasmim.
Vociferando eu disse:
"As pessoas não querem uma bênção em sua boca,
nem um perdão em seus corações,
pois a bênção é filha das lágrimas
e o perdão é filho do sangue".

Deixei a cidade ruidosa para me sentar
à sombra da árvore solitária de minha alma,
num prado distante da trilha da vida.

Cala-te, meu coração, até chegar a Aurora.
Cala-te e escuta minha história.
Ontem meus pensamentos eram um barco
navegando no meio das ondas do mar
e movendo-se com os ventos de uma terra para outra.
E meu barco estava vazio a não ser

por sete jarras com as tintas do arco-íris.
E chegou um tempo em que me cansei
de derivar sobre a superfície do mar
e disse a mim mesmo:
"Retornarei com este barco vazio dos meus pensamentos
para o ancoradouro de minha ilha natal".

E me preparei, pintando meu barco
de amarelo como o pôr do sol,
de verde como o coração da primavera,
de azul como o céu
e de vermelho como a anêmona.
E nos mastros e no leme tracei bizarras figuras
que chamavam a atenção e deslumbravam o olhar.
E quando terminei meu trabalho
o barco de meus pensamentos parecia uma visão profética,
singrando entre as duas infinidades, a do mar e a do céu.

Entrei no porto da minha ilha natal
e o povo se amontoou para me receber
com cânticos e divertimentos.
E as multidões me convidaram a entrar na cidade,
dedilhando seus instrumentos e batendo seus tamborins.

Tive tal recepção para mim
porque meu barco estava lindamente ornamentado
e ninguém entrou para ver
o interior do barco de meus pensamentos
nem perguntou o que eu trouxera dos mares distantes.
Ninguém tampouco observou
que eu trazia meu barco de volta vazio,

pois sua cintilação tinha deixado todos cegos.
Por isso, eu disse a mim mesmo:
"Levei as pessoas a se iludirem
e com sete jarras de tinta enganei seus olhos".

Por causa disso,
zarpei no barco de meus pensamentos
e me fiz de novo ao mar.
Visitei as ilhas do Oriente,
onde encontrei mirra, incenso e sândalo,
e os coloquei em meu barco...
Vaguei pelas ilhas do Ocidente,
de onde trouxe marfim, rubi, esmeralda e muitas
[gemas raras...
Visitei as ilhas do Sul
e trouxe comigo lindas armaduras,
espadas e lanças reluzentes
e toda variedade de armamento...
Enchi o barco de meus pensamentos
com as coisas mais requintadas e preciosas da Terra,
e regressei ao porto de minha ilha natal, dizendo:
"O povo novamente vai me glorificar, mas de modo honesto,
e de novo me convidará a entrar em sua cidade,
mas por merecimento".

Mas quando cheguei ao porto
ninguém veio me receber...
Caminhei pelas ruas de minha glória passada,
mas ninguém olhava para mim...

Fui à praça do mercado
e gritei para as pessoas os tesouros de meu barco,
mas elas zombavam de mim e não me ouviam.
Voltei ao porto com o coração abatido,
desapontado e confuso.
E quando olhei para meu barco
percebi algo que não tinha visto durante minha viagem,
e exclamei: "As ondas do mar lavaram
as cores e as figuras de meu barco
e fizeram-no parecer um esqueleto".
Os ventos e os borrifos, junto com o sol ardente,
tinham apagado os matizes brilhantes
e meu barco agora parecia
um molambo cinzento e esfarrapado.
Eu não conseguira notar essas mudanças
no meio de tantos tesouros
porque o interior tinha ofuscado meu olhar.

Eu reunira as coisas mais preciosas da Terra
e as colocara num cesto flutuante sobre a face das águas
e regressara ao meu povo.
Mas as pessoas me repeliam e não conseguiam me ver,
pois seus olhos tinham sido ludibriados
por objetos cintilantes, mas vazios.

Naquele instante,
troquei o barco de meus pensamentos pela Cidade dos Mortos,
e me sentei no meio dos túmulos bem cuidados,
contemplando seus segredos.

Cala-te, meu coração, até chegar a Aurora.
Cala-te, pois a tempestade raivosa
escarnece de teu murmúrio íntimo
e as grutas dos vales não ecoam
a vibração das tuas cordas.

Cala-te, meu coração, até chegar o Amanhecer,
pois aquele que aguarda com paciência a chegada da Aurora
será abraçado com ardor pelo Amanhecer.

A Aurora está despontando.
Fala se és capaz, meu coração.
Eis a procissão do Amanhecer...
Por que não falas?
Será que o silêncio da noite
não deixou uma canção em teu íntimo profundo
para que possas receber a Aurora?

Lá vão os bandos de pombos e os rouxinóis,
movendo-se na parte mais distante do vale.
És capaz de voar com os pássaros
ou a noite terrível terá enfraquecido tuas asas?
Os pastores estão tirando as ovelhas dos apriscos.
Será que o fantasma da noite deixou força em ti
para que possas caminhar atrás delas até os verdes prados?
Os rapazes e as moças caminham graciosamente
                                [rumo aos vinhedos.
Serás capaz de te levantar e caminhar com eles?
Ergue-te, meu coração, e caminha com a Aurora,
pois a noite já se foi,

e o medo das trevas se evaporou com seus sonhos escuros,
seus pensamentos macabros e suas viagens dementes.

Ergue-te, meu coração, e ergue tua voz com a música,
pois quem não partilha seus cânticos com a Aurora
é um dos filhos das Trevas perpétuas.

Os Segredos do Coração

Uma mansão majestosa se erguia sob as asas da noite silenciosa, tal como a vida está de pé sob o manto da morte. Nela havia uma jovem, sentada a uma escrivaninha de marfim, a bela cabeça inclinada sobre sua mão delicada, como um lírio murcho se inclina sobre suas pétalas. Ela olhava à sua volta, como um prisioneiro miserável, lutando para penetrar as paredes da masmorra com seus olhos a fim de testemunhar a vida caminhando na procissão da liberdade.

As horas passavam como os fantasmas da noite, como uma procissão entoando o réquiem daquela jovem, e ela se sentia segura com o derramar de suas lágrimas numa solidão angustiante. Quando não pôde mais resistir à pressão de seu sofrimento, e ao sentir que estava em plena posse dos segredos entesourados em seu coração, ela tomou da pena e começou a misturar suas lágrimas com a tinta sobre o pergaminho, no qual escreveu:

> *Minha amada irmã,*
> *Quando o coração fica congestionado de segredos, quando os olhos começam a arder com lágrimas causticantes, quando as costelas estão prestes a explodir com o peso do aperto do coração, não se pode encontrar expressão para tal labirinto a não ser uma onda de desabafo.*

As pessoas queixosas acham prazer na lamentação, os amantes encontram conforto e condolência nos sonhos, os oprimidos se deleitam ao receber solidariedade. Estou te escrevendo agora porque me sinto como um poeta que imagina a beleza de objetos cuja impressão ele compõe em verso enquanto é governado por um poder divino... Sou como a filha de um pobre faminto que chora por comida, instigada pela amargura da fome, desconsiderando a luta de sua mãe pobre e piedosa e sua derrota na vida.

Escuta minha história pesarosa, minha querida irmã, e chora comigo, pois o soluço é como uma oração, e as lágrimas de piedade são como uma caridade porque provêm de uma alma viva, sensível e bondosa, e não são derramadas em vão. Foi a vontade de meu pai quando me casei com um homem nobre e rico. Meu pai era como a maioria dos ricos, cuja única alegria na vida é aumentar sua fortuna acrescentando mais ouro a seus cofres, com medo da pobreza, e bajulam a nobreza com esplendor na expectativa dos ataques dos tempos sombrios... Vejo-me agora, com todo meu amor e meus sonhos, como uma vítima num altar dourado, que odeio, e como uma honraria herdada, que desprezo.

Respeito meu marido porque é generoso e gentil com todos. Ele se empenha em trazer a felicidade para mim e gasta seu ouro para agradar meu coração, mas descobri que a impressão de todas essas coisas não vale um único momento de um amor verdadeiro e sagrado. Não caçoe de mim, irmã, porque agora sou uma pessoa mais esclarecida no que diz respeito às necessidades de um coração de mulher – este coração latejante que é como um pássaro voando no céu espaçoso do amor... É como um vaso repleto do vinho das eras que foi espremido para as almas sedentas... É como um vinho em cujas páginas se leem os capítulos de felicidade e miséria, alegria e dor, riso e pesar. Ninguém pode ler este livro exceto o verdadeiro companheiro que é a outra metade da mulher, criado para ela desde o início do mundo.

Sim, tornei-me mais sábia entre todas as mulheres no tocante ao propósito da alma e ao significado do coração, pois descobri que meus magníficos cavalos e lindas carruagens, meus cintilantes cofres de ouro e minha sublime nobreza não valem um vislumbre dos olhos daquele pobre jovem que aguarda e sofre pacientemente a dor aguda da amargura e do tormento... Esse jovem que é oprimido pela crueldade e pelo desejo de meu pai, e aprisionado na cela estreita e melancólica da Vida...

Por favor, querida, não tentes consolar-me, pois a calamidade por meio da qual tomei ciência do poder de meu amor é meu maior consolo. Agora olho para a frente, por trás das lágrimas, e espero a vinda da morte para me levar até onde encontrarei o companheiro de minha alma e o abraçarei como fiz antes de entrar neste mundo estranho.

Não penses mal de mim, pois estou fazendo meu dever de mulher fiel e cumprindo calma e pacientemente as leis e regras dos homens. Honro o meu marido com meu bom senso, respeito-o em meu coração e venero-o com minha alma, mas há um preço a pagar, pois Deus deu parte de mim ao meu amado antes que eu o conhecesse.

Quis o céu que eu passasse minha vida com um homem que não foi feito para mim, e estou desperdiçando meus dias em silêncio de acordo com a vontade do céu. Mas se os portões da Eternidade não se abrirem permanecerei com a bela metade de minha alma e contemplarei o passado, e esse passado é este presente...

Olharei para a vida como a primavera olha para o inverno, e contemplarei os obstáculos da existência como alguém que escalou a trilha íngreme e alcançou o topo da montanha.

Neste momento, a jovem parou de escrever, escondeu seu rosto com as mãos em copa e chorou amargamente. Seu coração desistiu de confiar à pluma seus segredos mais sagrados, preferindo verter lágrimas secas que rapidamente se dispersaram e se misturaram ao éter gentil, o porto das almas dos amantes e do espírito das flores. Após algum tempo, ela tomou da pena e acrescentou:

Tu te lembras deste jovem? Recordas as faíscas que emanavam de seus olhos e dos sinais de tristeza em sua face? Relembras aquele riso que parecia falar das lágrimas de uma mãe arrancada de seu único filho? Podes rememorar sua voz serena ressoando o eco de um vale distante? Lembras-te dele meditando e fitando saudosa e calmamente os objetos, e falando deles com palavras estranhas, e logo inclinando a cabeça e suspirando, como se receasse revelar os segredos de seu grande coração? Recordas os sonhos e crenças dele? Relembras todas essas coisas num jovem a quem a humanidade conta como um de seus filhos e para quem meu pai olhava com olhos de superioridade porque é mais elevado do que a cobiça mundana e mais nobre do que a grandeza herdada?

Tu sabes, minha irmã querida, que sou uma mártir neste mundo diminuído e uma vítima da ignorância. Serás solidária com uma irmã que se senta no silêncio da noite horrível vertendo o conteúdo de seu ser interior e revelando-te os segredos de seu coração? Estou certa de que te solidarizarás comigo, pois sei que o amor já visitou teu coração.

Veio a aurora, e a jovem se entregou ao sono, esperando encontrar sonhos mais doces e meigos do que os que tinha conhecido em sua vigília...

Meus Conterrâneos

O que vocês buscam, meus conterrâneos?
Desejam que eu construa para vocês palácios deslumbrantes,
decorados com palavras de significação vazia,
ou templos cujos telhados são sonhos?
Ou me ordenam que destrua
o que os mentirosos e os tiranos construíram?
Devo arrancar com meus dedos
o que os hipócritas e os perversos implantaram?
Exprimam vocês seu desejo insano!

O que vocês gostariam afinal que eu fizesse, meus conterrâneos?
Devo ronronar como um gatinho para satisfazê-los
ou rugir como o leão para agradar a mim mesmo?
Tenho cantado para vocês, mas vocês não dançaram.
Tenho pranteado na sua frente, mas vocês não choraram.
Devo cantar e chorar ao mesmo tempo?

Suas almas sofrem a dor lancinante da fome,
e contudo o fruto da sabedoria é mais abundante
do que as pedras dos vales.

Seus corações estão murchando de sede,
e contudo as fontes da vida estão fluindo
ao redor de suas casas – por que não bebem?
O mar tem suas marés,
a noite tem seus plenilúnios e seus crescentes,
e as eras têm seu inverno e seu verão,
e todas as coisas variam como a sombra
de um Deus não nascido movendo-se entre a Terra e o Sol,
mas a Verdade não pode ser mudada,
nem tampouco desaparecerá.
Por que, então, vocês se esforçam
em desfigurar-lhe a fisionomia?

Eu chamei vocês no silêncio da noite
para lhes mostrar a glória da Lua
e a dignidade das estrelas,
mas vocês saltaram do sono
e agarraram suas espadas, gritando:
"Onde está o inimigo? Temos de matá-lo primeiro!".
Ao amanhecer, quando o inimigo veio,
eu chamei vocês novamente,
mas agora não despertaram de seu sono,
pois estavam trancados no medo,
lutando com as procissões de espectros em seus sonhos.

E eu disse a vocês:
"Vamos subir ao topo da montanha
e ver a beleza do mundo".
E vocês me responderam dizendo:
"Nas profundezas deste vale nossos pais viveram,
e em suas sombras morreram,

e em suas grutas foram enterrados.
Como poderíamos trocar este lugar
por um outro que eles não veneraram?".

E eu disse a vocês:
"Vamos para a planície que se entrega generosamente ao mar".
E vocês me responderam timidamente, dizendo:
"O estrondo do abismo assustará nossos espíritos
e o terror das profundezas amortecerá nossos corpos".

※

Eu amei vocês, meus conterrâneos,
mas esse meu amor é doloroso para mim
e inútil para vocês,
e hoje eu os odeio, e o ódio é uma torrente
que leva para longe os galhos secos
e as casas tremulantes.

Eu me apiedei de sua fraqueza, meus conterrâneos,
mas minha piedade só fez aumentar sua fraqueza,
exaltando e alimentando a preguiça, que é inútil para a vida.
E hoje vejo sua enfermidade
que minha alma abomina e teme.

Chorei por sua humilhação e submissão,
e minhas lágrimas fluíram como um rio cristalino
mas não puderam lavar sua fraqueza estagnante.
No entanto, elas removeram o véu de meus olhos.

Minhas lágrimas nunca atingiram
os seus corações petrificados,

mas limparam as trevas de meu ser interior.
Hoje eu escarneço de seu sofrimento,
pois o riso é um trovão raivoso
que precede a tempestade e nunca vem depois dela.

O que vocês desejam, meus conterrâneos?
Querem que eu lhes mostre
o espectro de sua própria fisionomia
sobre a superfície da água calma?
Venham já, e vejam como estão feios!
Olhem e meditem!
O medo tornou seus cabelos grisalhos como as cinzas,
a dissipação cresceu em seus olhos
e fez deles cavidades escuras,
a covardia tocou suas faces
que agora parecem poços desolados no vale,
e a morte beijou seus lábios
deixando-os amarelos como as folhas de outono.

O que vocês buscam, meus conterrâneos?
O que pedem da vida
que já não inclui vocês na conta dos filhos dela?

Suas almas estão congelando
nas garras dos sacerdotes e dos feiticeiros,
seus corpos tremem entre as unhas dos déspotas
e dos derramadores de sangue,
e seu país treme sob os pés em marcha do inimigo conquistador.
O que podem vocês esperar
ainda que se ergam, orgulhosos, sob a face do Sol?
Suas espadas estão recobertas de ferrugem,

suas lanças estão quebradas
e seus escudos estão cheios de buracos.
Por que, então, vocês permanecem no campo de batalha?

A hipocrisia é sua religião,
a falsidade é sua vida,
o nada é seu fim.
Por que, então, estão vivendo?
A morte não é o único consolo dos miseráveis?

A vida é uma resolução que acompanha a juventude,
uma diligência que segue a maturidade,
uma sabedoria que prossegue na velhice.
Mas vocês, meus conterrâneos,
nasceram velhos e fracos.
E suas peles murcharam, suas cabeças encolheram,
e por isso vocês ficaram como crianças,
brincando no lamaçal e atirando pedras uns nos outros.

O conhecimento é uma luz
que alimenta o calor da vida,
e todos que o procuram devem partilhá-la.
Mas vocês, meus conterrâneos,
procuram a treva e fogem da luz,
esperando que venha água da pedra,
e a miséria de sua nação é o seu crime...
Não lhes perdoo seus pecados,
porque vocês sabem o que estão fazendo.

Kahlil Gibran

A Humanidade é um rio brilhante
que canta em seu percurso
e carrega consigo os segredos das montanhas
para o coração do mar.
Mas vocês, meus conterrâneos,
são pântanos estagnados
infestados de insetos e víboras.

O Espírito é uma tocha azul sagrada,
queimando e devorando as plantas secas,
crescendo com a tempestade
e iluminando as faces das deusas.
Mas vocês, meus conterrâneos...
suas almas são como cinzas
que os ventos espalham sobre a neve
e que as tempestades dispersam para sempre nos vales.

Não temam o fantasma da morte, meus conterrâneos,
pois a grandeza e a misericórdia da morte
se recusarão a aproximar-se da pequenez de vocês.
Não receiem a adaga, pois ela desistirá
de se alojar em seus corações tão rasos.

Eu os odeio, meus conterrâneos,
porque vocês odeiam a glória e a grandeza.
Desprezo-os porque desprezam a si mesmos.
Sou seu inimigo porque se recusam a perceber
que são vocês os inimigos das deusas.

João, o Louco

No verão, João caminhava toda manhã pelo campo, dirigindo seus bois e carregando seu arado sobre o ombro, prestando atenção às cantigas suaves dos pássaros e ao farfalhar das folhas e da relva.

Ao meio-dia, sentava-se ao lado de um riacho nos prados coloridos para almoçar, deixando algumas migalhas sobre a grama verde para as aves do céu.

Ao entardecer, voltava para sua choupana miserável nos arredores daquelas aldeias e vilarejos do norte do Líbano. Depois da refeição noturna, ele se sentava e escutava atentamente seus pais, que contavam histórias das épocas passadas até que o sono avançasse e capturasse seus olhos.

No inverno, passava os dias junto à lareira, ponderando o queixume dos ventos e a lamentação dos elementos, meditando sobre os fenômenos das estações, e olhando através da janela na direção dos vales cobertos de neve e de árvores desfolhadas, que simbolizavam uma multidão de pessoas a sofrer, deixadas indefesas nas garras do frio devorador e dos ventos poderosos.

Durante as longas noites de inverno, ficava sentado até que seus pais se retirassem. Em seguida, abria um armário rústico de madeira, tirava de lá seu Novo Testamento e lia-o secretamente sob a luz mortiça de uma lamparina bruxuleante. Os padres se opunham à leitura do Santo Livro, e João experimentava grande excitação durante aqueles fascinantes momentos de estudo. Os padres alertavam as pessoas simples contra aquilo e ameaçavam-nas de excomunhão se fossem descobertas na posse do livro.

Assim, João passou sua juventude entre a linda terra de Deus e o Novo Testamento, cheio de luz e verdade. João era um jovem silencioso e contemplativo. Ouvia a conversa de seus pais e nunca dizia uma palavra ou fazia uma pergunta. Quando se sentava com seus coetâneos, observava firmemente o horizonte, e seus pensamentos ficavam tão distantes quanto seu olhar. Depois de cada visita à igreja, voltava para casa com o espírito deprimido, pois os ensinamentos dos padres eram diferentes dos preceitos que encontrava no Evangelho, e a vida dos fiéis não era a vida bonita de que falava o Cristo.

A primavera chegou e a neve derreteu nos campos e nos vales. A neve sobre os topos das montanhas se dissolvia lentamente e formava diversos riachinhos pelas trilhas tortuosas que levavam até os vales, reunindo-se numa torrente cujo rugido anunciava o despertar da natureza. As amendoeiras e macieiras estavam em plena floração. Os salgueiros e os choupos se cobriam de brotos, e a natureza tinha desdobrado seus mantos felizes e coloridos sobre todo o campo.

João, cansado de passar os dias ao lado do fogo, e sabendo que seus bois sentiam falta das pastagens, soltou seus animais dos abrigos e os levou ao campo, escondendo seu Novo Testamento sob o manto para não ser apanhado. Alcançou um lindo caramanchão adjacente aos campos que pertenciam ao mosteiro de Santo Elias,[1] que se erguia majestosamente sobre uma colina vizinha.

---

1. Rica abadia no norte do Líbano com vastas terras, ocupada por uma ordem de monges chamados alepoanos. (N.E.)

Quando os bois começaram a pastar, João recostou-se numa pedra e começou a ler seu Novo Testamento e a meditar sobre a tristeza dos filhos de Deus na Terra e sobre a beleza do Reino dos Céus.

Era o último dia da Quaresma, e os aldeões que se abstinham de comer carne aguardavam com impaciência a chegada da Páscoa. João, como o resto dos felás pobres, nunca fazia distinção entre a Quaresma e os outros dias do ano, pois sua vida inteira era uma Quaresma prolongada e seu alimento nunca ia além do pão simples, amassado com as dores de seu coração, ou das frutas, colhidas com o sangue de seu corpo. A única comida cobiçada por João durante a Quaresma era aquele alimento espiritual – o pão celestial que trazia ao coração as lembranças tristes da tragédia do Filho do Homem e do fim de sua vida na Terra.

Os pássaros cantavam e planavam acima dele, e grandes bandos de pombas circulavam no céu, enquanto as flores balançavam com a brisa como que se rejubilando com o brilho fascinante do Sol.

João se ocupou na absorção do Livro e, em meio àquelas intensas e iluminadoras leituras, contemplava as cúpulas das igrejas das aldeias vizinhas e ouvia o badalar rítmico dos sinos. De quando em vez, fechava os olhos e voava nas asas do sonho até a velha Jerusalém, seguindo os passos de Cristo, perguntando às pessoas da cidade sobre o Nazareno e recebendo então estas respostas: "Aqui Ele curou o paralítico e devolveu a visão ao cego. Ali teceram para Ele uma coroa de espinhos e a colocaram sobre Sua cabeça. Naquele pórtico Ele falou à multidão com lindas parábolas. Nesse palácio eles O prenderam às colunas de mármore e O açoitaram. Nessa estrada Ele perdoou os pecados da adúltera, e naquela curva do caminho Ele caiu sob o peso de Sua cruz".

Uma hora se passou e João estava sofrendo fisicamente com Deus e glorificando com Ele em espírito. Logo chegou o meio-dia e os bois estavam fora do campo de visão de João. Ele olhou em todas as direções, mas não pôde vê-los, e ao alcançar a trilha que levava às lavouras adjacentes viu um homem a certa distância, de pé no meio das hortas. Quando se aproximou e viu que o homem era um dos monges do mosteiro, João o cumprimentou, curvou-se reverentemente e lhe perguntou se tinha visto os bois. O monge, que parecia estar contendo sua raiva, respondeu: "Sim, eu os vi. Siga-me e eu lhe mostrarei seus bois".

Quando alcançaram o mosteiro, João encontrou seus bois presos com cordas num curral. Um dos monges os vigiava, e toda vez que um animal se mexia ele golpeava o boi no dorso com um pesado bastão. João se precipitou para soltar os indefesos animais, mas o monge agarrou-o pela túnica e o impediu. Ao mesmo tempo, voltou-se para dentro do mosteiro e gritou: "Aqui está o pastor criminoso! Eu o encontrei!".

Os padres e monges, precedidos pelo abade, acorreram à cena e rodearam João, que estava desnorteado e sentindo-se como um prisioneiro. "Não fiz nada para merecer o tratamento de um criminoso", disse João ao abade. Mas o superior dos monges retrucou, com raiva: "Seus bois arruinaram nossa plantação e destruíram nossas vinhas. Já que você é o responsável pelo prejuízo, não lhe devolveremos os bois enquanto não reparar nossas perdas".

João protestou: "Sou pobre e não tenho dinheiro. Por favor, soltem meus bois e dou-lhes minha palavra de honra de que nunca mais os trarei a estas terras". O abade deu um passo à frente, levantou uma das mãos para o céu e disse: "Deus nos designou como protetores desta vasta terra de Santo Elias, e é nosso dever sagrado guardá-la com todas as nossas forças, pois esta terra é santa e, como fogo, ela queimará qualquer um que a violar. Se você se recusar a prestar contas de seu crime diante de Deus, a grama que seus bois comeram certamente se transformará em veneno e os destruirá!".

O abade se pôs em retirada, mas João tocou-lhe o hábito e humildemente implorou: "Apelo ao senhor em nome de Jesus e de todos os santos, pois sou pobre, enquanto os cofres do mosteiro estão abarrotados de prata e ouro. Tenha piedade de meus pais pobres e idosos, cujas vidas dependem de mim. Deus me perdoará se eu tiver prejudicado os senhores". O abade fitou-o com severidade e disse: "Pobre ou rico, o mosteiro não pode perdoar suas dívidas. Três dinares[2] libertarão seus bois". João suplicou: "Não possuo uma única moeda. Tenha piedade, ó padre, de um miserável pastor". Mas o abade retrucou: "Então você deve vender uma parte de seus bens e nos pagar três dinares, pois é melhor entrar no Reino dos Céus sem posses do que atrair a ira de Santo Elias sobre você e cair no inferno". Os outros monges balançaram a cabeça em aprovação.

Depois de um breve silêncio, o rosto de João se iluminou e seus olhos brilharam como se o medo e o servilismo tivessem abandonado seu coração. Com a cabeça erguida, ele fitou o abade e se dirigiu a ele com voz confiante: "Acaso os pobres e fracos têm de vender seus míseros pertences, a fonte do pão de sua vida, para trazer mais ouro e aumentar a opulência do mosteiro? Acaso é justo que os pobres tenham de ser oprimidos e tornados mais pobres para que Santo Elias perdoe os bois por seus erros inocentes?". O abade levantou os olhos para o céu e entoou: "Está escrito no Livro de Deus que ao homem que já possui mais lhe será dado, e àquele que não possui mesmo o que tem lhe será tirado".[3]

Ao ouvir tais palavras, João ficou furioso e, como um soldado que desembainha a espada diante do inimigo, tirou o Novo Testamento do bolso e vociferou: "É assim que você distorce os ensinamentos de Cristo, seu hipócrita! É assim que perverte a herança mais sagrada da vida para poder ampliar seus malefícios... Ai de vocês quando a ira do Nazareno cair sobre suas cabeças e os lançar nas profundezas do abismo... Ai de vocês, adoradores dos ídolos da cobiça, que escondem a feiura do ódio sob seus hábitos negros... Ai de vocês, inimigos de Jesus, que movem os lábios em oração

---

2. Dinar: unidade monetária de diversos países árabes. (N.T.)
3. Referência à parábola dos talentos: *Mateus* 25, 29. (N.T.)

enquanto seus corações estão cheios de luxúria... Ai de vocês, que se ajoelham diante do altar com o corpo enquanto seus espíritos se revoltam contra Deus! Vocês estão manchados com seu próprio pecado de me punir por me aproximar de suas terras, que foi paga por mim e por meus ancestrais. Caçoam de mim quando lhes peço misericórdia em nome de Cristo. Pegue este Livro e mostre a seus monges sorridentes quando o Filho de Deus recusou perdoar... Leia esta tragédia sagrada e diga-lhes onde Ele não fala de misericórdia e de brandura, seja no Sermão da Montanha, seja no Templo. Acaso Ele não perdoou os pecados da mulher adúltera? Acaso não abriu os braços sobre a cruz para abraçar a Humanidade? Olhe para nossos lares miseráveis, onde os doentes sofrem sobre suas camas duras... Olhe atrás das barras da prisão, onde o homem inocente é vítima da opressão e da injustiça... Olhe para os mendigos, estendendo seus braços por esmolas, humilhados no coração e alquebrados no corpo... Pense em seus seguidores escravizados, que sofrem os apertos da fome enquanto vocês levam uma vida de luxo e indiferença e saboreiam os frutos dos campos e o vinho das videiras. Vocês nunca visitaram um enfermo, nem consolaram um sofredor, nem alimentaram um faminto. Tampouco abrigaram os peregrinos nem ofereceram solidariedade aos aleijados. No entanto, não estão satisfeitos com o que surrupiaram de nossos pais, e ainda estendem suas mãos como cabeças de víboras, agarrando com ameaças do inferno o pouco que uma viúva poupou com sua árdua labuta, ou o que um miserável felá armazenou para manter seus filhos vivos!".

João respirou profundamente. Em seguida, acalmou sua voz e acrescentou, tranquilamente: "Vocês são numerosos, eu sou um só. Podem fazer comigo o que bem quiserem. Os lobos atacam os cordeiros na escuridão da noite, mas as manchas de sangue permanecem sobre as pedras do vale até que a aurora venha e o sol revele o crime para todos".

Havia na fala de João um poder mágico que prendia a atenção e injetava uma raiva defensiva nos corações dos monges. Eles se agitavam em fúria e só aguardavam a ordem de seu superior para cair sobre João e fazê-lo submeter-se. O breve silêncio foi como a calma pesada da tempestade, depois de ter devastado os jardins. O abade então comandou os monges, dizendo: "Amarrem este criminoso, tirem o Livro dele e arrastem-no para uma cela escura, pois aquele que blasfema contra os santos representantes de Deus nunca será perdoado nesta Terra, nem na Eternidade". Os monges saltaram sobre João e o levaram, algemado, para dentro de uma prisão estreita, e lá o trancaram.

A coragem mostrada por João não podia ser percebida ou compreendida por alguém que compartilhasse a submissão, a fraude ou a tirania que escravizava aquele país, chamado pelos orientais de "a Noiva da Síria" e "a Pérola da Coroa do Sultão". E, em sua cela, João pensava na miséria desnecessária lançada sobre seus compatriotas pela avidez das coisas que ele tinha acabado de conhecer. Sorriu, em solidariedade tristonha, e seu sorriso se mesclava com sofrimento e amargura, do tipo que corta seu caminho através das profundezas do coração; do tipo que lança a alma num soluçar inútil; do tipo que, se deixado sem apoio, ascende aos olhos e desaba, desamparado.

João, então, se levantou, orgulhoso, e olhou através da fresta que mostrava o vale ensolarado. Sentiu como se uma alegria espiritual estivesse abraçando sua alma, como se uma doce tranquilidade possuísse seu coração. Tinham aprisionado seu corpo, mas seu espírito perambulava, livre e solto, com a brisa em meio aos montes e colinas. Seu amor por Jesus nunca mudou, e as mãos torturadoras não poderiam remover o bem-estar de seu coração, pois a perseguição não pode causar dano a quem está do lado da Verdade. Sócrates não caiu, orgulhoso, vitimado em seu corpo? Paulo não foi apedrejado pelo bem da Verdade? É o nosso ser interior que nos fere quando lhe desobedecemos, e nos mata quando o traímos.

Os pais de João foram informados de seu encarceramento e do confisco de seus bois. Sua velha mãe veio ao mosteiro, inclinando-se pesadamente sobre seu cajado, e prostrou-se diante do abade, beijando seus pés e implorando-lhe o perdão para a alma do filho. O abade levantou a cabeça solenemente para o céu e disse: "Nós perdoaremos a loucura de seu filho, mas Santo Elias não perdoará ninguém que violar suas terras". Depois de fitá-lo com olhos marejados, a velha senhora tirou um medalhão de prata de seu pescoço e o depôs na mão do abade, dizendo: "Este é o meu bem mais precioso, que recebi de minha mãe como um presente de casamento... O senhor o aceitaria como reparação pelo pecado de meu filho?".

O abade pegou o medalhão e o guardou no bolso. Em seguida, olhou para a idosa mãe de João, que estava beijando suas mãos e expressando-lhe sua gratidão, e disse: "Ai desta geração pecadora! Distorcem as palavras do Livro Santo e deixam os filhos impertinentes e os nervos dos pais abalados. Vai-te, agora, boa mulher, e pede a Deus por teu filho insano e roga-Lhe que restaure sua mente".

João saiu da prisão e caminhou tranquilamente ao lado da mãe, levando os bois à sua frente. Quando chegaram ao casebre miserável, conduziu os animais às manjedouras e sentou-se em silêncio junto à janela, contemplando o crepúsculo. Poucos minutos depois, ouviu seu pai sussurrar à sua mãe: "Sara, quantas vezes eu já lhe disse que João era louco e você não acreditou? Agora, depois do que ouviu, vai ter de concordar, pois o abade pronunciou hoje as mesmas palavras que venho lhe dizendo nos últimos anos". João continuou a olhar para o horizonte distante, observando o pôr do sol.

A Páscoa chegou e, naqueles dias, tinha acabado de se concluir a construção de uma nova igreja na cidade de Bsherri. O magnífico local de culto era como o palácio de um príncipe erguido no meio das choupanas de seus pobres súditos. As pessoas corriam para todos os lados, em meio aos muitos preparativos para receber um prelado que fora designado para oficiar as cerimônias religiosas que inaugurariam o novo templo. A multidão estava de pé, em filas, ao longo dos caminhos, esperando pela chegada de Sua Graça. O cântico dos padres em uníssono com sons de címbalos e os hinos da multidão enchiam o céu.

O prelado finalmente chegou, cavalgando uma magnífica montaria, dotada de uma sela com botões de ouro. Quando apeou, os padres e chefes políticos foram ao seu encontro com os mais belos discursos de boas-vindas. Foi escoltado até o novo altar, onde se vestiu com paramentos eclesiásticos, decorados com fios de ouro e incrustados com gemas cintilantes. Vestiu a mitra dourada e caminhou em procissão em torno do altar, carregando seu báculo cravejado de joias. Era seguido pelos padres, pelos acólitos com velas e pelos turiferários.

Naquela hora, João estava de pé entre os felás no pórtico, contemplando a cena com suspiros amargos e olhos pesarosos, pois lhe causava mágoa observar as vestes luxuosas, a mitra e o báculo engastados, os vasos e outros objetos de extravagância desnecessária, enquanto os pobres felás, vindos das aldeias vizinhas para celebrar a ocasião, padeciam as dores lancinantes da miséria. Suas roupas andrajosas e seus rostos tristonhos testemunhavam sua indigência premente.

Os ricos dignitários, enfeitados com medalhas e fitas, mantinham-se a distância rezando ostensivamente, enquanto os aldeões desafortunados, nos fundos do cenário, batiam no peito em sincera oração que emergia do fundo de seus corações contritos.

A autoridade daqueles dignitários e chefes era como as folhas sempre verdes dos choupos, e a vida daqueles felás era como um barco cujo piloto tinha encontrado seu destino, cujo leme tinha se partido e cujas velas tinham sido rasgadas pela ventania, deixado à mercê das profundezas ferozes e da tempestade violenta.

Tirania e submissão cega... qual delas fez nascer a outra? Será a tirania, árvore frondosa que não cresce na terra rasa, ou será a submissão, que é como uma lavoura abandonada, onde nada pode crescer além de espinhos? Tais pensamentos e contemplações se apoderavam da mente de João enquanto transcorriam as cerimônias. Ele apertou o peito com os braços, de medo que o coração explodisse de agonia diante da miséria das pessoas naquela tragédia de opostos.

Olhou para as acabrunhadas criaturas da Humanidade severa, cujos corações eram secos e cujas sementes estavam agora buscando abrigo no seio da terra, como peregrinos despossuídos buscam renascer num novo país.

Quando aquela pompa chegou ao fim e a multidão se preparava para dispersar, João sentiu que uma força imperiosa estava impelindo-o a falar em nome dos pobres oprimidos. Caminhou até um dos extremos do adro, levantou as mãos para o céu e, enquanto a multidão se juntava a seu redor, abriu os lábios e disse: "Ó, Jesus, que estás sentado no centro do círculo de luz, ouve-me! Olha para esta terra do alto da cúpula azul e vê como os espinhos têm sufocado as flores que Tua verdade plantou...

"Oh, Bom Pastor! Os lobos se abateram sobre as ovelhas fracas que Tu carregaste em Teus braços. Teu sangue puro foi lançado nas profundezas da terra que Teus pés tornaram sagrada. Esta boa terra foi transformada por Teus inimigos numa arena, onde os fortes esmagam os fracos. O pranto dos miseráveis e o lamento dos indefesos já não podem ser ouvidos por aqueles que se sentam nos tronos, pregando a Tua palavra. Os cordeiros que Tu enviaste a esta terra são agora lobos que devoram aqueles a quem carregaste e abençoaste.

"A palavra de luz que jorrou do Teu coração se evaporou da escritura e foi substituída por um rugido vazio e terrível que amedronta o espírito.

"Oh, Jesus! Eles construíram essas igrejas para o louvor de sua própria glória e as embelezaram com seda e ouro derretido...

Deixaram os corpos dos Teus pobres eleitos envolvidos em trapos na noite fria... Eles enchem o céu com a fumaça das velas ardentes e do incenso e deixam os corpos dos Teus adoradores fiéis vazios de pão... Eles erguem suas vozes com hinos de louvor, mas se fazem de surdos ao choro e ao lamento das viúvas e dos órfãos.

"Vem de novo, ó Jesus vivo, e expulsa do Teu templo sagrado os vendilhões da Tua fé, pois eles o transformaram num antro escuro onde as víboras da hipocrisia e da falsidade rastejam, abundantes".

As palavras de João, fortes e sinceras, causaram murmúrios de aprovação, e a aproximação dos dignitários não o intimidou. Com renovada coragem, fortalecida pelas lembranças de sua experiência anterior, ele prosseguiu: "Vem, ó Jesus, e acerta as contas com esses Césares que usurparam dos pobres o que é dos pobres e de Deus o que é de Deus. A vinha que plantaste com Tua mão direita foi devorada pelos vermes da cobiça e suas uvas foram pisoteadas. Teus filhos da paz estão divididos e lutando entre si, deixando as almas dos pobres como vítimas na lavoura congelada. Diante do Teu altar, eles erguem as vozes em oração, dizendo: 'Glória a Deus no mais alto dos céus, e paz na terra aos homens de boa vontade'. Nosso Pai que está no céu será glorificado quando Seu nome for pronunciado por corações vazios, lábios pecadores e línguas hipócritas? Haverá paz na Terra enquanto os filhos da miséria forem escravizados nos campos para alimentar os poderosos e encher o estômago dos tiranos? Jamais virá a paz para salvá-los das garras da indigência?

"Que é a paz? Ela está nos olhos desses bebês que se alimentam nos seios murchos de suas mães famintas em frias choupanas? Ou está nos casebres miseráveis dos famintos, que dormem em camas duras e labutam por um punhado de comida que os padres e monges oferecem a seus porcos bem nutridos?

"Que é a alegria, ó belo Jesus? Ela se manifesta quando o emir compra os braços dos homens fortes e a honra das mulheres com ameaças de morte ou com algumas moedas de prata? Ou ela se encontra na submissão, na escravização do corpo e do espírito àqueles que fascinam nosso olhar com suas medalhas cintilantes e seus diademas dourados? A cada queixa dos Teus obreiros da paz eles nos recompensam com seus soldados, armados de espadas e lanças para pisar sobre nossas mulheres e filhos e roubar nosso sangue.

"Oh, Jesus, cheio de amor e misericórdia! Estende Teus braços fortes e protege-nos daqueles ladrões, ou envia a morte bem-vinda para nos livrar e nos guiar aos túmulos onde poderemos descansar em paz sob o cuidado vigilante de Tua Cruz. Lá aguardaremos por Teu retorno. Oh, poderoso Jesus, esta vida não passa de uma cela escura de servidão... Ela é o parque de diversões de horríveis fantasmas, é um poço fervilhante de espectros da morte. Nossos dias nada mais são do que espadas afiadas ocultas sob as colchas maltrapilhas de nossos leitos na escuridão amedrontadora da noite. Ao amanhecer, essas armas se erguem acima de nossas cabeças como demônios, apontando para nossa escravidão sob o açoite nas lavouras.

"Oh, Jesus, tem misericórdia dos pobres oprimidos que vieram hoje comemorar Tua Ressurreição! Apieda-te deles, pois são miseráveis e fracos..."

A fala de João agradou a alguns e aborreceu a outros. "Ele está dizendo a verdade, e falando em nosso nome diante do céu", observou alguém. E um outro disse: "Ele está enfeitiçado, pois dá voz a um espírito maligno". E um terceiro comentou: "Nunca ouvimos palavras tão abomináveis, nem mesmo de nossos pais! Temos de pôr um fim nisso!". E um quarto disse, sussurrando ao ouvido do homem a seu lado: "Senti um espírito novo em mim quando o ouvi falar". O homem ao lado disse: "Mas os padres conhecem nossas necessidades melhor do que ele. É pecado duvidar deles". À medida que o burburinho crescia em todas as direções como o rugido do mar, um dos padres se aproximou, dominou João e o entregou imediatamente à lei. Assim, ele foi levado ao palácio do governador para ser julgado.

João, o Louco

Durante o interrogatório, João não pronunciou uma só palavra, pois sabia que o Nazareno tinha recorrido ao silêncio diante de Seus perseguidores. O governador ordenou que João fosse lançado à prisão, onde dormiu em paz e de coração limpo aquela noite, encostando a cabeça na parede de pedra da masmorra.

No dia seguinte, o pai de João veio e testemunhou, diante do governador, que seu filho era louco, e acrescentou, tristonho: "Muitas vezes eu o ouvi falar para si mesmo, dizendo muitas coisas estranhas que ninguém podia ver ou entender. Muitas vezes ele ficava sentado, falando no silêncio da noite, usando palavras indistintas. Já o ouvi chamar os fantasmas com uma voz igual à de um feiticeiro. Vossa Excelência pode perguntar aos vizinhos que conversavam com ele e concluíram, sem sombra de dúvida, que era demente. Ele nunca respondia quando alguém lhe falava, e quando falava pronunciava palavras cifradas e frases desconhecidas do ouvinte e fora do assunto. Quem melhor o conhece é sua mãe. Várias vezes ela o viu fitando o horizonte distante com olhos vidrados e falando com paixão, como uma criancinha, sobre os riachos, as flores e as estrelas. Pergunte aos monges, cujos ensinamentos ele escarneceu e criticou durante a santa Quaresma. Ele é demente, Vossa Excelência, mas é muito gentil para comigo e sua mãe. Ele faz muito para nos ajudar em nossa velhice e trabalha com diligência para nos manter alimentados, aquecidos e vivos. Perdoe-o e tenha misericórdia dele".

O governador mandou soltar João, e a notícia de sua loucura se espalhou pelas aldeias. E quando as pessoas falavam de João mencionavam seu nome com humor e sarcasmo. As moças olhavam para ele com olhos condoídos e diziam: "O céu tem planos estranhos para os homens... Deus uniu beleza e insanidade neste jovem, e juntou o brilho gentil de seus olhos com a escuridão de seu espírito invisível".

No meio dos campos e das pradarias de Deus, junto às colinas atapetadas de grama verde e de lindas flores, o fantasma de João, sozinho e inquieto, observa os bois que pastam tranquilamente, indiferentes ao sofrimento humano. Com olhos marejados, ele olha para as aldeias espalhadas em ambos os lados do vale e repete com suspiros profundos: "Vocês são numerosos, eu sou um só. Os lobos atacam os cordeiros na escuridão da noite, mas as manchas de sangue permanecem sobre as pedras do vale até que a aurora venha e o sol revele o crime para todos".

A Huri Encantada

Aonde estás me levando, ó Huri Encantada,
e por quanto tempo te seguirei
por esta estrada ríspida, semeada de espinhos?
Por quanto tempo nossas almas
subirão e descerão dolorosamente
esta trilha tortuosa e pedregosa?

Tal como uma criança que segue a mãe,
eu estou te seguindo,
segurando a extremidade de tua veste,
esquecendo meus sonhos,
fitando tua beleza, com meus olhos
sob teu encantamento
cegos à procissão de espectros
que pairam sobre mim,
e atraídos a ti por uma força íntima a que não posso resistir.

Para um instante e deixa-me ver tua face.
Olha para mim por um instante.
Talvez eu aprenda os segredos de teu coração
através de teus estranhos olhos.
Para e descansa, pois estou exausto,

e minha alma está trêmula de medo
desta senda pavorosa.
Para, pois alcançamos a terrível encruzilhada
onde a morte abraça a vida.

Ó, Huri, ouve-me!
Eu era livre como os pássaros,
sondando os vales e as florestas,
voando na amplidão do céu.
Ao entardecer, descansava
sobre os templos e palácios da Cidade das Nuvens Coloridas
que o Sol constrói de manhã e destrói antes do crepúsculo.

Eu era como um pensamento,
caminhando sozinho e em paz
para o Oriente e o Ocidente do Universo,
regozijando-me com a beleza e a alegria da vida,
e inquirindo o mistério magnífico da existência.

Eu era como um sonho,
vagando sob as asas amigas da noite,
entrando pelas janelas fechadas
dos quartos das donzelas,
brincando com elas e despertando suas esperanças...
Depois, sentava-me ao lado dos rapazes
e agitava seus desejos...
Em seguida, perambulava pelos aposentos dos idosos
e penetrava seus pensamentos de satisfação serena.

Então tu capturaste minha fantasia
e desde esse hipnótico momento

A Huri Encantada

eu me sinto como um prisioneiro que arrasta seus grilhões,
impelido para um lugar desconhecido...
Fiquei embriagado com teu vinho doce,
que roubou minha vontade,
e agora descubro meus lábios a beijar a mão
que me golpeia duramente.
Não consegues ver, com os olhos de tua alma,
o peso de meu coração?
Para por um instante.
Estou recuperando minha força
e desatando meus pés das correntes pesadas.
Esmaguei a taça na qual bebi do teu saboroso veneno...
Mas agora estou numa terra estranha, e desnorteado.
Que caminho devo seguir?

Minha liberdade foi restaurada.
Tu me aceitarás agora como um companheiro disposto,
que olha para o Sol com olhos vidrados
e agarra o fogo com dedos impávidos?

Já enfunei minhas asas
e estou pronto para subir.
Acompanharás um jovem que passa seus dias
vagando pela montanha como a águia solitária
e desperdiça suas noites
perambulando no deserto como o leão insone?

Tu te contentarás com o afeto de alguém
que procura o amor, mas só como um divertimento,
e se recusa a aceitá-lo como seu mestre?

Aceitarás um coração que ama,
mas que nunca se entrega?
E queima, mas nunca derrete?
Ficarás à vontade com uma alma
que treme diante da tempestade,
mas nunca se rende a ela?
Aceitarás por companheiro
alguém que não faz escravos
nem se tornará um deles?
Tu me possuirás, mas não te apoderarás de mim,
ao tomar meu corpo mas não o meu espírito?

Então, aqui tens minha mão
— agarra-a com tua linda mão.
Aqui tens meu corpo
— abraça-o com teus braços amorosos.
E aqui tens meus lábios
— estampa sobre eles um beijo fundo e estonteante.

O Amor Oculto

Raquel despertou à meia-noite e olhou fixamente para alguma coisa invisível no céu de seu quarto. Ouviu uma voz mais branda do que os sussurros da vida, e mais melancólica que o chamado lamurioso do abismo, e mais suave do que o farfalhar de brancas asas, e mais funda do que a mensagem das ondas... A voz vibrava com esperança e frivolidade, com alegria e tormento, com afeição pela vida, mas com desejo de morte. Então, Raquel fechou os olhos e suspirou fundamente e, com voz entrecortada, disse: "A aurora alcançou a extremidade do vale. Devemos tomar o rumo do Sol para encontrá-la". Seus lábios se entreabriram, estampando e ecoando uma ferida profunda na alma.

Naquele momento, o padre se aproximou da cama e sentiu a mão da jovem, mas encontrou-a fria como a neve. E quando, assustado, pôs os dedos sobre o coração dela, concluiu que ele estava tão imóvel quanto as eras passadas e tão silencioso quanto o segredo do coração dele próprio.

O reverendo padre inclinou a cabeça em profundo desespero. Seus lábios tremiam como se quisessem pronunciar uma palavra divina, repetida pelos fantasmas da noite nos vales distantes e abandonados.

Após cruzar os braços da jovem sobre o peito, o padre olhou para um homem que estava sentado num canto escuro do quarto, e com uma voz terna e misericordiosa disse: "Tua amada alcançou o grande círculo de luz. Vem, meu filho, vamos ajoelhar e rezar".

O marido pesaroso levantou a cabeça. Seus olhos estavam vidrados, fitando o invisível, e sua expressão logo mudou, como se tivesse alcançado a compreensão no espectro de um Deus desconhecido. Reuniu o que sobrava de si mesmo, caminhou reverentemente até a cama da esposa e ajoelhou-se ao lado do clérigo, que estava rezando, lamentando e fazendo o sinal da cruz.

Pondo a mão sobre o ombro do marido consternado, o padre disse, calmamente: "Vai para o quarto ao lado, meu filho, pois estás muito necessitado de repouso".

Ele se ergueu, obediente, caminhou até o quarto e lançou seu corpo fatigado sobre uma cama estreita, e em poucos instantes estava vagando pelo mundo do sonho como uma criancinha que se refugia nos braços piedosos de sua mãe amorosa.

O padre permaneceu de pé como uma estátua no centro do quarto, e um estranho conflito se apoderou dele. Olhava, com olhos lacrimosos, primeiro para o corpo frio da jovem e logo, através da cortina entreaberta, para o marido, que se entregara ao poder do sono. Já tinha se passado uma hora, mais longa que um século e mais terrível que a morte, e o padre continuava de pé entre duas almas separadas. Uma estava sonhando tal como um campo sonha com a primavera vindoura depois da tragédia do inverno, e a outra estava repousando eternamente.

Então, o padre se aproximou do corpo da jovem e se ajoelhou como se estivesse em adoração diante do altar. Segurou-lhe a mão fria e a colocou contra seus lábios trêmulos; olhou para o rosto dela, que estava adornado com o véu suave da morte. Sua voz era ao mesmo tempo calma como a noite, e profunda como o abismo, e balbuciante como as esperanças dos homens. E com essa voz ele chorou: "Oh, Raquel, noiva de minha alma, ouve-me!

Ao menos consigo falar! A morte abriu meus lábios para que eu possa agora revelar-te um segredo mais profundo que a própria vida. A dor destravou minha língua e agora posso desdobrar para ti meu sofrimento, mais doloroso que a dor. Ouve o choro de minha alma. Oh, Puro Espírito, que pairas entre a Terra e o firmamento. Dá ouvido ao jovem que esperava que chegasses do campo, espiando-te por trás das árvores, com receio de tua beleza. Ouve o padre, que é servo de Deus, chamando por ti, sem mais vergonha, depois que alcançaste a Cidade de Deus. Eu provei a força de meu amor, escondendo-o!".

Tendo assim aberto sua alma, o padre se reclinou e deu três beijos longos, cálidos e mudos na testa, nos olhos e no colo da jovem, deixando escoar todo o segredo de amor, e o sofrimento de seu coração, e a angústia dos anos. Então, subitamente, ele se recolheu para um canto escuro e desabou, em agonia, sobre o chão, tremendo como uma folha de outono, como se o toque da face fria tivesse despertado dentro dele o espírito do arrependimento. Por causa disso, ele se recompôs e se ajoelhou, escondendo o rosto com as mãos em taça, e murmurou, brandamente: "Deus... Perdoa meu pecado, perdoa minha fraqueza, ó Senhor. Eu já não podia resistir a dar vazão àquilo que Tu conhecias. Por sete anos guardei em meu coração os fundos segredos, ocultos do mundo das palavras, até que a morte veio e os arrancou de mim. Ajuda-me, ó Deus, a esconder essa lembrança terrível e bela que traz a doçura da vida, mas provoca a amargura. Perdoa-me, meu Senhor, e perdoa minha fraqueza".

Sem olhar para o cadáver da jovem, ele continuou a sofrer e a lamentar-se até que a aurora chegou e derramou um véu de orvalho sobre aquelas duas imagens imóveis, revelando o conflito do amor e da religião a um homem, a paz da vida e da morte ao outro.

Morto está meu Povo
(Escrito no exílio durante a fome na Síria)

Primeira Guerra Mundial

Meu povo se foi, mas eu ainda existo,
lamentando-o em minha solidão...
Mortos estão meus amigos,
e em sua morte minha vida nada é
senão um grande desastre.

As colinas de meu país estão submersas
em lágrimas e em sangue,
pois meu povo e meus seres amados se foram,
e eu estou aqui
vivendo como vivia quando meu povo e meus seres amados
estavam gozando a vida e a dádiva da vida,
e quando as colinas de meu país
estavam abençoadas
e mergulhadas na luz do Sol.

Meu povo morreu de fome
e os que não pereceram de inanição
foram massacrados pela espada.
E eu estou aqui, nesta terra distante,
vagando no meio de um povo alegre

que dorme sobre camas macias
e sorri para os dias,
enquanto os dias sorriem para as pessoas.

Meu povo morreu de uma morte sofrida e vergonhosa,
e aqui estou eu, vivendo na fartura e na paz...
Esta é a funda tragédia sempre encenada
sobre o palco de meu coração.
Poucos se importariam em assistir a este drama,
pois meu povo é como os pássaros
com asas quebradas, deixados para trás pelo bando.

Se eu estivesse esfaimado
e vivendo no meio do meu povo faminto,
e perseguido no meio de meus conterrâneos oprimidos,
o fardo dos dias negros seria mais leve
sobre meus sonhos inquietos,
e a escuridão da noite seria menos escura
diante de meus olhos ocos,
de meu coração em pranto, de minha alma ferida.
Pois aquele que compartilha
as dores e a agonia de seu povo
sentirá um conforto supremo,
criado somente pelo sofrimento no sacrifício.
E estará em paz consigo mesmo
quando morrer inocente com seus amigos inocentes.

Mas não estou vivendo com meu povo faminto e perseguido,
povo que caminha em procissão de morte rumo ao martírio...
Estou aqui, do outro lado do oceano largo,
vivendo à sombra da tranquilidade

e ao brilho solar da paz...
Estou distante da arena terrível e dos desgraçados
e não posso me orgulhar,
nem sequer de minhas próprias lágrimas.

O que pode fazer um filho exilado por seu povo moribundo,
e qual o valor para este povo
da lamentação de um poeta ausente?

Se eu fosse uma espiga de trigo crescida na terra de meu país,
a criança faminta me arrancaria
e com meus grãos afastaria de sua alma
a mão da morte.
Se eu fosse um fruto maduro no pomar de meu país,
a mulher esfomeada me colheria
e sustentaria sua vida.
Se eu fosse um pássaro voando no céu de meu país,
meu irmão famélico me caçaria
e afastaria, com a carne de meu corpo,
a sombra do túmulo de seu corpo.
Mas, ai de mim!
Não sou um grão de trigo
crescido nas planícies da Síria,
nem uma fruta madura nos vales do Líbano.
Esta é minha desgraça, esta é minha muda calamidade
que traz humilhação à minha alma
diante dos fantasmas da noite...
É a tragédia dolorosa que retesa minha língua,
amarra meus braços e me prende,
usurpado de poder, de vontade e de ação.

É a maldição que arde sobre minha cabeça,
diante de Deus e diante dos homens.

E frequentemente me dizem:
"O desastre de teu país não é nada
ante a calamidade do mundo,
e as lágrimas e o sangue vertidos por teu povo
não se comparam aos rios de sangue e lágrimas
derramados a cada dia e cada noite
nos vales e planícies da Terra..."

Sim, mas a morte de meu povo
é uma acusação silenciosa, é um crime
concebido pelas cabeças das serpentes invisíveis...
É uma tragédia sem música e sem cenário...
E se meu povo tivesse atacado os déspotas
e opressores e morrido como rebelde
eu teria dito: "Morrer pela liberdade é mais nobre
do que viver à sombra da débil submissão,
pois aquele que abraça a morte com a espada da
                             [verdade na mão
se eternizará com a eternidade da verdade,
pois a vida é mais fraca que a morte,
e a morte é mais fraca que a verdade".

Se minha nação tivesse participado
da guerra de todas as nações
e tivesse morrido no campo de batalha,
eu diria que a tempestade furiosa, com seu poder,
quebrara os ramos verdes,

e a morte violenta sob o pálio da tempestade
é mais nobre do que o perecimento vagaroso
nos braços da senilidade.
Mas não houve resgate das mandíbulas fechadas...
Meu povo caiu e chorou com o lamento dos anjos.

Se um terremoto tivesse rasgado meu país em pedaços
e se a terra tivesse engolido meu povo em seu seio
eu teria dito: "Uma lei grande e misteriosa
foi acionada pela vontade da força divina,
e seria pura insanidade se nós, frágeis mortais,
nos arriscássemos a sondar seus segredos profundos..."
Mas meu povo não morreu em rebelião,
não foi morto no campo de batalha,
nem um terremoto abalou meu país e devorou meu povo.
A morte foi seu único resgate
e a fome foi seu único despojo.

Meu povo morreu na cruz...
Morreu enquanto suas mãos
se estendiam para o Oriente e o Ocidente,
enquanto o que restava de seus olhos
fitava a escuridão do firmamento...
Morreu em silêncio,
pois a Humanidade tinha fechado seus ouvidos
ao lamento de meu povo.
Morreu porque não compactuou com o inimigo.
Morreu porque amava seus vizinhos.
Morreu porque confiou em toda a Humanidade.
Morreu porque não oprimiu os opressores.

Morreu por ter sido as flores esmagadas
e não os pés esmagadores.
Morreu porque era obreiro da paz.
Morreu de fome numa terra rica de leite e mel.
Morreu porque os monstros do inferno se ergueram
e destruíram tudo o que crescia nos campos
e devoraram as últimas provisões dos celeiros...
Morreu porque as víboras e os filhos das víboras
cuspiram seu veneno por todo o espaço
onde os cedros sagrados, as rosas e os jasmins
exalam sua fragrância.

Meu povo e teu povo, meu irmão sírio, estão mortos...
O que se pode fazer pelos que estão morrendo?
Nossa lamentação não aplacará sua fome
e nossas lágrimas não saciarão sua sede.
Que podemos fazer para salvá-los
das garras de aço da fome?
Meu irmão, a ternura que te impele
a dar parte de tua vida a qualquer humano
que está prestes a perder sua vida
é a única virtude que te torna digno
da luz do dia e da paz da noite...
Lembra, meu irmão,
que a moeda que deixas cair
na mão ressequida que se estende na tua direção
é a única cadeia de ouro que prende teu rico coração
ao coração amoroso de Deus...

A Violeta Ambiciosa

Era uma vez uma linda e perfumada violeta que vivia placidamente entre suas amigas e balançava-se, feliz, no meio das outras flores de um jardim solitário. Certa manhã, quando sua coroa estava ornada com gotas de orvalho, ela ergueu a cabeça e olhou a seu redor. Viu uma rosa alta e viçosa, orgulhosamente ereta, que se projetava para cima, no espaço, como uma chama ardente sobre uma lâmpada de esmeralda.

A violeta abriu seus lábios azuis e disse: "Que grande infortúnio o meu, no meio destas flores! Como é humilde a posição que ocupo na presença delas! A Natureza me moldou para ser pequena e pobre... Vivo muito perto da terra e não posso levantar a cabeça rumo ao céu azul, ou girar o rosto para o Sol, como fazem as rosas".

A rosa, ouvindo as palavras de sua vizinha, sorriu e comentou: "O que você diz é muito estranho! Você é afortunada e no entanto não consegue entender sua fortuna. A Natureza lhe concedeu fragrância e beleza como a nenhuma outra... Deixe de lado tais pensamentos, contente-se com o que tem e lembre-se de que aquele que se humilha será exaltado e aquele que se exalta será esmagado".

A violeta retrucou: "Você está me consolando porque possui aquilo que eu anseio... Tenta me amargurar com a ideia de que você é grande... Como é dolorosa a pregação do felizardo para o coração do infeliz! E como o forte é severo quando se erige em conselheiro do fraco!".

> ≈≈≈

A Natureza ouviu o diálogo da violeta e da rosa. Aproximou-se e disse: "O que lhe aconteceu, minha filha violeta? Você tem sido humilde e suave em todos os seus gestos e palavras. Terá a Ambição entrado em seu coração e entorpecido seus sentidos?". Com voz suplicante, a violeta respondeu: "Oh, grande mãe misericordiosa, cheia de amor e compaixão, eu imploro, de todo coração e de toda alma, que atenda a meu pedido e me permita ser uma rosa por um dia".

A Natureza replicou: "Você não sabe o que está pedindo. Não tem noção da desgraça oculta por trás de sua ambição cega. Se fosse uma rosa, você estaria arrependida, e o arrependimento de nada lhe valeria". A violeta insistiu: "Mude-me em rosa, pois desejo erguer minha cabeça bem alto, com orgulho. E, seja qual for o meu fado, será de minha inteira responsabilidade". A Natureza consentiu: "Oh, violeta ignorante e rebelde, eu lhe concederei o que pede. Mas se a calamidade se abater sobre você sua queixa recairá sobre si mesma".

E a Natureza estendeu seus dedos misteriosos e mágicos e tocou as raízes da violeta, que imediatamente se transformou numa rosa alta, erguendo-se acima de todas as outras flores do jardim.

Ao entardecer, o céu ficou denso de nuvens escuras, e os elementos em fúria perturbaram o silêncio da existência com o trovão e começaram a atacar o jardim, desencadeando uma chuva pesada e ventos poderosos. A tempestade quebrou os ramos, arrancou as plantas pela raiz e partiu as hastes das grandes flores, poupando somente as pequeninas que cresciam junto da terra amiga. Aquele jardim solitário sofreu grandemente com a beligerância do firmamento, e quando a borrasca se acalmou e o céu ficou claro todas as flores jaziam, destroçadas, e nenhuma tinha escapado da fúria da Natureza, exceto o clã das pequenas violetas, escondidas pelos muros do jardim.

※※※

Tendo levantado a cabeça e visto a tragédia das flores e árvores, uma das jovens violetas sorriu feliz e chamou as companheiras, dizendo: "Vejam o que a tempestade fez com as flores altaneiras!". Outra violeta disse: "Somos pequenas e vivemos perto da terra, mas estamos a salvo da ira dos céus". E uma terceira acrescentou: "Por sermos pobres de altura, a tempestade é incapaz de nos subjugar".

Naquele instante, a rainha das violetas viu a seu lado a violeta convertida, atirada ao chão pela tempestade e retorcida sobre a grama molhada, como um soldado abatido no campo de batalha. A rainha das violetas levantou a cabeça e chamou a família, dizendo: "Vejam, minhas filhas, e meditem sobre o que a Ambição fez à violeta que se tornou uma rosa orgulhosa por uma hora. Que a visão desta cena sirva de lembrança de nossa boa sorte".

E a rosa moribunda se moveu, reuniu as forças que lhe restavam e calmamente disse: "Vocês são umas simplórias satisfeitas e resignadas. Eu nunca temi a tempestade. Ontem eu também estava satisfeita e contente com a vida, mas a satisfação agia como uma barreira entre minha existência e a tempestade da vida, confinando-me a uma paz doentia e a uma indolente tranquilidade de espírito. Eu poderia ter vivido a mesma vida que vocês levam agora, agarrando-me amedrontada à terra... Poderia ter esperado que o inverno me recobrisse de neve e me entregasse à morte, que decerto chamará todas as violetas... Mas agora estou feliz porque me aventurei para fora de meu pequeno mundo e penetrei o mistério do Universo... algo que vocês ainda não fizeram. Eu poderia ter desconsiderado a Ambição, cuja natureza é mais alta que a minha, mas enquanto dava ouvidos ao silêncio da noite escutei o mundo celestial dizendo a este mundo terreno: 'A Ambição para além da existência é o propósito essencial de nosso ser'. Naquele momento, meu espírito se revoltou e meu coração ansiou por uma posição mais elevada do que a minha limitada existência. Dei-me conta de que o abismo não pode ouvir a canção das estrelas, e naquele instante comecei a lutar contra minha pequenez e a ansiar por aquilo que não me pertencia, até que minha rebeldia se tornasse um grande poder e minha ânsia, uma vontade criadora... A Natureza, que é o grande objeto de nossos sonhos mais fundos, atendeu a meu pedido e me transformou em rosa com seus dedos mágicos".

A rosa se calou por um momento e, com voz enfraquecida, mistura de orgulho e realização, disse: "Vivi por uma hora como uma rosa orgulhosa. Por algum tempo, vivi como uma rainha. Olhei para o Universo com os olhos de uma rosa. Ouvi o sussurro do firmamento através dos ouvidos das pétalas de rosa. Haverá alguém aqui que possa gabar-se de honra igual?".

Tendo assim falado, ela baixou a cabeça e, com voz sufocada, murmurou: "Morrerei agora, pois minha alma atingiu sua meta. Finalmente estendi meu conhecimento a um mundo que ultrapassa a caverna estreita de meu nascimento. Este é o desígnio da vida... Este é o segredo da existência". Em seguida, a rosa tremulou, lentamente encolheu suas pétalas e expirou com um sorriso celestial nos lábios... um sorriso de realização da esperança e do propósito da vida... um sorriso de vitória... um sorriso de Deus.

O Crucificado
(Escrito numa Sexta-feira Santa)

Hoje, como neste mesmo dia a cada ano, o homem salta de seu sono profundo e se põe de pé diante dos fantasmas das eras, olhando com olhos lacrimosos para o monte do Calvário para testemunhar Jesus, o Nazareno, pregado na Cruz... Mas quando o dia acaba e chega o entardecer os seres humanos se ajoelham para rezar diante dos ídolos, erigidos sobre cada topo de colina, cada prado e cada campo de trigo.

Hoje, as almas cristãs viajam com as asas da memória e voam até Jerusalém. Lá ficarão de pé, junto às multidões, batendo no peito e olhando para Ele, coroado com uma grinalda de espinhos, de braços abertos diante do céu e olhando por detrás do véu da morte para dentro das profundezas da vida...

Mas, quando a cortina da noite cair sobre o palco do dia e este breve drama terminar, os cristãos retornarão em grupos e se deitarão à sombra do esquecimento, entre as cobertas da ignorância e da preguiça.

Neste mesmo dia, a cada ano, os filósofos deixam suas cavernas escuras, e os pensadores suas celas frias, e os poetas suas pérgulas imaginárias, e todos ficam de pé, reverentes, sobre a montanha silenciosa, ouvindo a voz de um jovem que fala de Seus tormentos e de Seus matadores: "Ó Pai, perdoa-os, porque não sabem o que fazem!".

Mas, quando o silêncio da escuridão sufoca as vozes do dia, os filósofos e os pensadores e os poetas regressam às suas tocas estreitas e envolvem suas almas com páginas insensatas de pergaminho.

As mulheres que se ocupam com o esplendor da vida se precipitarão hoje fora de suas almofadas para ver a mulher pesarosa de pé diante da Cruz, como um broto de árvore diante da tempestade furiosa. E quando se aproximarem dela ouvirão um fundo lamento e um doloroso pesar.

Os rapazes e as moças que apostam corrida com a torrente da civilização moderna se deterão hoje por um instante e olharão para trás, para ver a jovem Madalena enxugando com suas lágrimas as manchas de sangue dos pés de um Santo Homem suspenso entre o céu e a terra. E quando seus olhos rasos se cansarem da cena eles partirão e logo voltarão a rir.

Neste dia, a cada ano, a Humanidade acorda com o despertar da primavera e se põe de pé a chorar diante do Nazareno sofredor. Em seguida, ela fecha os olhos e se entrega a um sono profundo. Mas a primavera permanecerá desperta, sorrindo e avançando até desaguar no verão, vestido com trajes de ouro perfumado. A Humanidade é uma carpideira que se compraz em prantear as lembranças e os heróis das épocas passadas... Se possuísse entendimento, haveria júbilo nisso, e não pranto. A Humanidade é como uma criança de pé a sorrir ao lado de um animal ferido. Ela ri diante da corrente cada vez mais forte que carrega para o esquecimento os ramos secos das árvores e arrasta, com determinação, todas as coisas deixadas frouxas.

A Humanidade olha para Jesus Nazareno como para um miserável que sofreu pobreza e humilhação com todos os fracos. E ela tem pena d'Ele, pois acredita que Jesus foi crucificado na dor... E tudo o que Lhe oferece é choro, gemidos e lamentação. Por séculos a Humanidade tem adorado a fraqueza na pessoa do Salvador.

O Nazareno não era fraco! Ele era forte e é forte! Mas as pessoas se recusam a ouvir o verdadeiro significado da força.

Jesus nunca viveu uma vida de medo, nem morreu sofrendo ou queixando-se... Viveu como um líder, foi crucificado como um cruzado, morreu com um heroísmo que assustou Seus assassinos e torturadores.

Jesus não foi um pássaro de asas quebradas. Foi uma tempestade furiosa que quebrou todas as asas deformadas. Não temeu Seus perseguidores nem Seus inimigos. Não sofreu diante de Seus assassinos. Foi livre, bravo e ousado. Desafiou todos os déspotas e opressores. Viu as pústulas contagiosas e amputou-as... Fez calar o Mal, esmagou a Falsidade, despedaçou a Perfídia.

Jesus não veio do centro do círculo de luz para destruir os lares e construir sobre suas ruínas os conventos e mosteiros. Não persuadiu o homem forte a se tornar monge ou padre, mas veio difundir sobre esta Terra um espírito novo, com poder para demolir as fundações de qualquer monarquia erguida sobre ossos e crânios humanos... Veio demolir os palácios majestosos, construídos sobre os túmulos dos fracos, e esmagar os ídolos, erigidos sobre os corpos dos pobres. Jesus não foi enviado aqui para ensinar as pessoas a construir igrejas e templos magníficos no meio dos frios barracos miseráveis e das choupanas melancólicas... Ele veio para transformar o coração humano num templo, a alma num altar e a mente num sacerdote.

Estas foram as missões de Jesus Nazareno, e estes são os ensinamentos pelos quais Ele foi crucificado. E se a Humanidade fosse sensata ela se levantaria hoje e entoaria com força o cântico da conquista e o hino do triunfo.

Oh, Jesus Crucificado, que contemplas tristemente do alto do Calvário a infeliz procissão das eras, que ouves o clamor das nações escuras e entendes os sonhos da Eternidade... Tu és, sobre a Cruz, mais glorioso e honrado do que mil reis sobre mil tronos em mil impérios...

Tu és, na agonia da morte, mais poderoso do que mil generais em mil guerras...

Com Teus lamentos, és mais jubiloso do que a primavera com suas flores...

Com Teu sofrimento, és mais bravamente silencioso do que os anjos que choram no paraíso...

Diante de Teus açoitadores, és mais resoluto do que uma montanha de pedra...

Tua grinalda de espinhos é mais brilhante e sublime do que a coroa de Bahram... Os pregos que perfuram Tuas mãos são mais belos do que o cetro de Júpiter...

As gotas de sangue sobre Teus pés são mais resplendentes do que o colar de Ishtar.

Perdoa os fracos que Te pranteiam hoje, pois eles não sabem como prantear a si mesmos...

Perdoa-os, pois não sabem que Tu conquistaste a morte com a morte e concedeste a vida aos mortos...

Perdoa-os, pois não sabem que Tua força ainda os aguarda...

Perdoa-os, pois não sabem que todo dia é Teu dia.

O Anoitecer da Festa

A noite tinha caído e a escuridão envolvia a cidade, enquanto as luzes cintilavam nos palácios, nas choupanas e nas lojas. As multidões, trajando suas vestes festivas, lotavam as ruas e em seus rostos apareciam os sinais da celebração e do contentamento.

Eu evitava o clamor das turbas e caminhava sozinho, contemplando o Homem cuja grandeza elas estavam comemorando, e meditando sobre o Gênio das Eras que nasceu na pobreza, viveu na virtude e morreu na Cruz.

Eu ponderava a tocha ardente que fora acesa naquela humilde aldeia da Síria pelo Espírito Santo, que paira sobre todas as eras, e que com Sua verdade atravessa uma civilização e logo outra.

Ao chegar ao jardim público, sentei-me sobre um banco rústico e comecei a olhar entre as árvores desnudas na direção das ruas apinhadas. Ouvia os hinos e cânticos dos celebrantes.

Depois de uma hora de pensamento profundo, olhei ao meu redor e me surpreendi ao encontrar um homem sentado ao meu lado, segurando uma vara curta com a qual desenhava figuras imprecisas no chão. Sobressaltei-me, porque não o tinha visto nem ouvido aproximar-se, mas disse a mim mesmo: "É um solitário como eu". E depois de olhar atentamente para ele percebi que, apesar de sua roupa fora de moda e de seus cabelos longos, era um homem honrado, digno de atenção. Ele pareceu detectar os pensamentos dentro de mim, pois numa voz grave e calma disse: "Boa-noite, meu filho".

"Boa-noite", respondi, respeitosamente.

E ele voltou a desenhar, enquanto o som estranhamente brando de sua voz ainda ecoava em meus ouvidos. Voltei a lhe falar, dizendo: "O senhor é forasteiro nesta cidade?".

"Sim, sou um forasteiro nesta cidade, e em toda cidade", respondeu. Consolei-o, acrescentando: "Um forasteiro deveria esquecer que é um estranho nestes dias de festa, pois há gentileza e generosidade nas pessoas". Ele replicou, com voz cansada: "Sou mais estrangeiro nestes dias do que em qualquer outro". Tendo assim falado, olhou para o céu claro. Seus olhos sondaram as estrelas e seus lábios estremeceram como se ele tivesse encontrado no firmamento a imagem de um país distante. Sua declaração bizarra despertara meu interesse, por isso eu disse: "Esta é a época do ano em que as pessoas são gentis com as outras pessoas. Os ricos se lembram dos pobres, e os fortes têm compaixão pelos fracos".

Ele devolveu: "Sim, a misericórdia momentânea dos ricos para com os pobres é amarga, e a compaixão dos fortes pelos fracos não passa de um lembrete de sua superioridade".

Afirmei: "Suas palavras têm mérito, mas o pobre fraco não se importa em saber o que se passa no coração do rico, e o faminto nunca se questiona sobre o método com que o pão que ele anseia foi amassado e cozido".

E ele retrucou: "Aquele que recebe não se importa, mas aquele que dá leva o fardo de cuidar para que se trate de amor fraterno e auxílio amigável, e não de autovalorização".

Fiquei surpreso com sua sabedoria e comecei novamente a meditar sobre seu aspecto antiquado e seus trajes estranhos. Em seguida, voltando a mim, disse: "Parece que o senhor precisa de ajuda. Aceitaria algumas moedas?". Com um sorriso triste, ele respondeu: "Sim, estou precisando desesperadamente de ajuda,

mas não de ouro ou prata".
Desnorteado, eu disse: "O que lhe faz falta?".
"Preciso de abrigo. Preciso de um lugar onde possa descansar minha cabeça e minhas ideias."
"Por favor, aceite estes dois dinares, vá até um albergue e hospede-se lá", insisti.
Com voz tristonha, ele disse: "Já tentei todos os albergues, já bati em todas as portas, mas em vão. Entrei em cada loja de comida, mas ninguém se importou em me ajudar. Estou magoado, não faminto. Estou decepcionado, não cansado. Não busco um teto, mas um abrigo humano".
Disse a mim mesmo: "Que pessoa estranha ele é! Primeiro fala como um filósofo, em seguida se expressa como um louco!". Enquanto eu sussurrava esses pensamentos nos ouvidos de meu ser interior, ele me fitou, baixou a voz e num tom triste disse: "Sim, sou um louco, mas até mesmo um louco se sentirá como um estrangeiro sem abrigo e um faminto sem comida, pois o coração do homem está vazio".
Pedi-lhe desculpas, dizendo: "Perdoe-me meu pensamento insensato. Aceitaria minha hospitalidade e se abrigaria em minha casa?".
"Já bati em sua porta e em todas as portas mais de mil vezes, mas não recebi resposta", disse ele, com severidade.
Agora eu estava convencido de que ele era realmente um louco, e sugeri: "Vamos partir agora, direto para minha casa".
Ele levantou a cabeça lentamente e disse: "Se você conhecesse minha identidade não me convidaria para sua casa".
"Quem é o senhor?", indaguei, devagar e com medo.
Com uma voz que soava como o rugido do oceano, ele amargamente trovejou: "Sou a revolução que constrói o que as nações destroem... Sou a tempestade que arranca pela raiz as plantas crescidas com os séculos... Sou aquele que veio espalhar a guerra na Terra, e não a paz, pois o homem só se contenta com a miséria!".
E com lágrimas caindo por seu rosto, ele se levantou, muito

alto, e uma névoa de luz cresceu ao seu redor. Ele estendeu os braços para a frente e pude ver as marcas dos pregos nas palmas de suas mãos. Prostrei-me diante dele, convulsivo, e exclamei: "Oh, Jesus de Nazaré!".

E Ele continuou, com aflição: "As pessoas estão celebrando em Minha honra, prosseguindo a tradição tecida pelas eras em torno de Meu nome, mas quanto a Mim sou um estranho a vagar do Oriente para o Ocidente sobre esta terra, e ninguém Me conhece. As raposas têm suas tocas, os pássaros do céu têm seus ninhos, mas o Filho do Homem não tem lugar para repousar Sua cabeça"[1].

Naquele instante, abri os olhos, levantei a cabeça e olhei ao meu redor, mas não encontrei nada além de uma coluna de fumaça diante de mim, e só ouvi a voz sibilante do silêncio da noite, vinda das profundezas da Eternidade. Recompus-me e olhei de novo para as multidões cantarolantes na distância, e uma voz dentro de mim disse: "A mesma força que protege o coração de se ferir é a força que impede o coração de se inflar por dentro com sua suposta grandeza. A canção da voz é doce, mas a canção do coração é a voz pura do céu".

O Coveiro

No terrível silêncio da noite, enquanto todas as coisas celestiais desapareciam sob o véu dominador das nuvens espessas, eu caminhava sozinho e amedrontado no Vale dos Fantasmas da Morte.

Quando deu meia-noite, e os espectros saltavam ao meu redor com suas horríveis asas esqueléticas, percebi um fantasma gigantesco de pé à minha frente, fascinando-me com sua hipnótica monstruosidade. Com voz tonitruante, ele disse: "Seu medo é um medo duplo! Você tem medo de ter medo de mim! Não consegue esconder isso, pois é mais fraco do que a fina teia da aranha. Qual o seu nome mundano?".

Eu me reclinei contra uma grande rocha, recompus-me do choque repentino e, com voz enfermiça e trêmulo, respondi: "Meu nome é Abdallah, que significa *Servo de Deus*". Por alguns instantes ele permaneceu calado, num silêncio apavorante. Fui me acostumando com sua aparência, mas novamente fui sacudido por seus pensamentos e dizeres estranhos, suas crenças e contemplações bizarras.

Ele trovejou: "Numerosos são os servos de Deus, e grandes os infortúnios de Deus com Seus servos. Por que seu pai não lhe deu o nome de *Mestre dos Demônios*, acrescentando mais um desastre à imensa calamidade da Terra? Você se agarra com terror ao pequeno círculo de dádivas de seus ancestrais, e permanecerá escravo da morte até se tornar um dos mortos.

"Suas vocações são destrutivas e estéreis, e suas vidas são vazias. A vida real nunca visitou você, nem visitará. Tampouco seu ser ilusório perceberá sua morte em vida. Seus olhos iludidos veem as pessoas estremecer diante da tempestade da vida e você acredita que elas estão vivas, quando na verdade têm estado mortas desde que nasceram. Não havia ninguém para enterrá-las, e a única boa carreira para você é a de coveiro, e como tal você pode livrar os poucos viventes dos cadáveres amontoados em torno das casas, das trilhas e das igrejas".

Protestei: "Não posso seguir essa vocação. Minha mulher e meus filhos exigem meu apoio e minha companhia".

Ele se inclinou na minha direção, exibindo seus músculos contorcidos que pareciam as raízes de um grande carvalho, abundante de vida e energia, e exclamou: "Dê uma pá a cada um e ensine-os a abrir covas. Sua vida não passa de miséria negra oculta por trás das paredes de gesso branco. Junte-se a nós, pois nós, *djins*, somos os únicos possuidores da realidade! A escavação de covas traz um benefício lento mas positivo, que provoca o desvanecimento das criaturas mortas que tremem com a tempestade em vez de caminhar com ela". Ele refletiu um pouco e em seguida perguntou: "Qual a sua religião?".

Com bravura, declarei: "Creio em Deus e honro Seus profetas. Amo a virtude e tenho fé na eternidade".

Com notável sabedoria e convicção, ele retrucou: "Essas palavras vazias foram colocadas nos lábios humanos pelas eras passadas e não pelo conhecimento, e você na verdade acredita somente em si mesmo, e não honra ninguém senão a si mesmo, e só tem fé na eternidade de seus desejos. O homem tem adorado seu próprio ser desde o início, chamando esse ser por nomes adequados, até mesmo agora, quando emprega a palavra *Deus* para representar aquele mesmo ser". Em seguida, o gigante riu estrondosamente, os ecos a reverberar pelos ocos das cavernas, e zombou: "Como são estranhos esses que adoram seus próprios seres! Sua existência real não passa de carcaça mundana!".

O Coveiro

Ele fez uma pausa, considerei seus dizeres e meditei no que significavam. Ele possuía uma sabedoria mais estranha do que a vida, mais terrível do que a morte e mais profunda do que a verdade. Timidamente, arrisquei perguntar: "Você tem uma religião ou um Deus?".

"Meu nome é *O Deus Louco*", respondeu, "e nasci em todos os tempos, e sou o deus de meu próprio ser. Não sou sábio, porque a sabedoria é uma qualidade dos fracos. Sou forte, e a terra se move sob os passos de meus pés, e quando paro a procissão das estrelas para comigo. Eu zombo das pessoas... Acompanho os gigantes da noite... Misturo-me com os grandes reis dos *djins*... Tenho a posse dos segredos da existência e da não existência.

"Pela manhã, blasfemo o Sol... Ao meio-dia, amaldiçoo a Humanidade... Ao entardecer, submeto a natureza... À noite, ajoelho-me e adoro a mim mesmo. Nunca durmo, pois sou o tempo, o mar e eu mesmo... Meu alimento são os corpos humanos, tomo seu sangue para saciar minha sede, uso seus soluços moribundos para tomar fôlego. Embora vocês iludam a si mesmos, são meus irmãos e vivem como eu vivo. Vá, hipócrita! Rasteje de volta à terra e continue a adorar seu próprio ser no meio dos mortos-vivos!".

Saí cambaleando do vale íngreme e cavernoso, em narcótico atordoamento, mal acreditando no que meus ouvidos tinham escutado e meus olhos tinham visto! Eu estava dilacerado de dor por algumas das verdades que ele pronunciara, e vaguei pelos campos toda aquela noite, em melancólica contemplação.

Consegui uma pá e disse para mim mesmo: "Cava profundamente as covas... Vai, já, e onde encontrares um dos mortos-vivos enterra-o no solo".

Desde aquele dia, tenho cavado sepulturas e enterrado os mortos-vivos. Mas os mortos-vivos são numerosos e eu estou só, sem ninguém para me ajudar...

Mel Envenenado

Fazia uma bela manhã de brilho cintilante no norte do Líbano, quando o povo da aldeia de Tula se reuniu em torno do pórtico da pequena igreja que se erguia no meio de suas habitações. Todos discutiam acaloradamente a súbita e inexplicada partida de Farris Rahal, que deixara para trás a mulher com que se casara fazia menos de meio ano.

Farris Rahal era o xeque e o líder da aldeia, tendo herdado essa posição honorífica de seus ancestrais, que tinham governado Tula por séculos. Embora não tivesse ainda vinte e sete anos, possuía uma extraordinária habilidade e uma sinceridade que conquistaram a admiração, a reverência e o respeito de todos os felás. Quando Farris se casou com Susana, o povo comentou: "Que homem afortunado é Farris Rahal! Alcançou tudo o que um homem pode esperar de gratificação na felicidade da vida, e ainda é tão jovem!".

Naquela manhã, quando toda Tula se levantou do sono e ficou sabendo que o xeque reunira seu ouro, montara seu corcel e deixara a aldeia sem se despedir de ninguém, a curiosidade e a preocupação predominaram, e todos se interrogavam sobre as causas que o levaram a abandonar sua esposa e seu lar, suas terras e seus vinhedos.

Por razões de tradição e geografia, a vida no norte do Líbano é altamente sociável, e as pessoas compartilham suas alegrias e pesares, instigadas pelo espírito humilde e pela solidariedade instintiva. Diante de qualquer evento, a população da aldeia se reúne para indagar sobre o incidente, oferece toda a assistência possível e volta à labuta até que o destino novamente imponha uma missão congregadora.

Foi uma situação dessas que tirou o povo de Tula de seu trabalho naquele dia, fazendo as pessoas se reunirem em torno da igreja de Mar-Tula para debater a partida de seu xeque e trocar opiniões acerca da peculiaridade do caso.

Foi neste momento que chegou o padre Estêvão, prior da igreja local, e em sua fisionomia abatida era possível ler os sinais inconfundíveis da mágoa profunda, os sinais de um espírito dolorosamente ferido. Ele contemplou a cena por um instante e em seguida falou: "Não perguntem... Não perguntem nada a mim! Antes que o Sol despontasse esta manhã, o xeque Farris bateu à porta de minha casa, e eu o vi segurando as rédeas de seu cavalo, e de seu rosto emanava um grave pesar e uma dor angustiante. Quando comentei a estranheza da hora, ele replicou: 'Padre, vim lhe dizer adeus, pois estou prestes a zarpar para além dos oceanos e nunca mais retornarei a estas terras'. Ele me entregou um envelope lacrado, endereçado a seu maior amigo, Nabih Malik, pedindo-me que o entregasse. Montou em seu corcel e disparou rumo ao leste, sem me conceder nenhuma chance de entender os motivos de sua partida insólita".

Um dos aldeões observou: "Sem dúvida a carta nos revelará o segredo dessa partida, pois Nabih é seu amigo mais íntimo". Um outro acrescentou: "O senhor viu a esposa dele, padre?". O pároco respondeu: "Visitei-a depois das orações matinais e encontrei-a de pé à janela, fitando com olhos vidrados alguma coisa invisível, parecendo alguém que tivesse perdido todos os sentidos, e quando me atrevi a perguntar sobre Farris, ela apenas disse: 'Não sei! Não sei!'. Em seguida, chorou como uma criança que repentinamente se descobre órfã".

Mel Envenenado

Quando o padre terminou de falar, o grupo teve um sobressalto de medo por causa do estrondo repentino de um disparo de revólver vindo da parte leste da aldeia, seguido imediatamente dos gritos amargurados de uma mulher. Por um instante, a multidão ficou num aflito transe de imobilidade, mas, em seguida, homens, mulheres e crianças correram rumo à cena, e em seus rostos havia uma máscara escura de medo e de mau presságio. Quando alcançaram o jardim que rodeava a residência do xeque, testemunharam um drama dos mais terríveis, encenado pela morte. Nabih Malik jazia no chão, com um fio de sangue a escorrer de seu peito, e a seu lado estava Susana, mulher do xeque Farris Rahal, puxando os próprios cabelos, rasgando as próprias vestes, agitando os braços e gritando, com voz selvagem: "Nabih... Nabih... por que fez isso?!".

Os espectadores estavam atônitos, como se as mãos invisíveis do destino tivessem agarrado seus corações com dedos glaciais. O padre encontrou na mão direita do falecido Nabih o bilhete que lhe entregara naquela manhã. Habilmente, o padre guardou o papel em sua túnica, sem ser notado pela multidão atarantada.

Nabih foi levado para sua mãe desafortunada que, ao ver o corpo sem vida de seu único filho, perdeu o juízo com o choque e logo se juntou a ele na eternidade. Susana foi conduzida lentamente até sua casa, cambaleando entre a vida hesitante e a morte cobiçosa.

Quando chegou em casa, o padre Estêvão, de ombros arqueados, trancou as portas, ajustou os óculos de leitura e, com um suspiro trêmulo, começou a ler para si mesmo a mensagem que tinha retirado da mão do defunto Nabih.

Meu mais querido amigo Nabih,
Tenho de abandonar essa aldeia de meus pais, pois minha permanência está lançando dor sobre ti e sobre minha esposa, e também sobre mim. Tu és nobre em espírito e desprezas a traição do amigo ou do vizinho, e embora eu

saiba que Susana é inocente e virtuosa também sei que o verdadeiro amor que une teu coração e o dela está além de teu poder e além de minhas esperanças. Não posso mais lutar contra a vontade poderosa de Deus, tal como não posso impedir o fluxo poderoso do grande rio Kadeesha.

Tu tens sido meu amigo sincero, Nabih, desde quando crianças, brincávamos nos campos. E diante de Deus, crê em mim, tu continuas meu amigo. Suplico-te que penses em mim no futuro com bons pensamentos, como fizeste no passado. Diz a Susana que a amo e que cometi um erro ao forçá-la a um casamento vazio. Diz a ela que meu coração sangrava de dor ardente cada vez que eu despertava de um sono irrequieto no silêncio da noite e a via ajoelhada diante do relicário de Jesus, chorando e batendo no peito em agonia.

Não há castigo tão severo quanto o sofrido pela mulher que se vê aprisionada entre um homem a quem ela ama e um outro que a ama. Susana sofreu ao longo de um conflito constante e doloroso, mas desempenhou dolorosamente, honradamente e em silêncio suas funções de esposa. Ela tentou, mas não conseguiu sufocar seu honesto amor por ti.

Estou de partida para terras distantes e nunca mais regressarei, pois não posso mais agir como um obstáculo a um amor genuíno e eterno, abrigado pelos braços acolhedores de Deus. E que Deus, em Sua sabedoria inescrutável, vos proteja e abençoe a ambos.

Farris

O padre Estêvão dobrou a carta, colocou-a de volta no bolso e sentou-se junto à janela que se abria sobre o vale distante. Vagou durante muito tempo num grande oceano de contemplação, e após sensata e intensa meditação levantou-se subitamente, como se tivesse encontrado entre as dobras preguedas de seus intricados pensamentos um segredo delicado e terrível, disfarçado com diabólica malícia e embalado com elaborada astúcia! Exclamou: "Como és sagaz, ó Farris! Como é pesado o teu crime, apesar de simples! Tu lhe enviaste mel misturado com veneno fatal e embutiste a morte numa carta! E quando Nabih apontou a arma contra o coração foi o teu dedo que apertou o gatilho, e foi tua vontade que tragou a vontade dele... Como és esperto, Farris!".

O padre, trêmulo, voltou à sua cadeira, balançando a cabeça e cofiando a barba com os dedos, e em seus lábios apareceu um sorriso cujo significado era mais terrível do que a própria tragédia. Abriu seu livro de orações e começou a ler e a meditar. A intervalos, erguia a cabeça para ouvir as queixas e lamúrias das mulheres, vindas do coração da aldeia de Tula, perto dos Cedros Sagrados do Líbano.

Iram, a Cidade dos Altos Pilares

Nota de apresentação

O povo Ad, com seu profeta Hud, é citado frequentemente no *Santo Corão* e suas tradições pertencem à Arábia antiga. Seu ancestral epônimo, Ad, era da quarta geração a partir de Noé, tendo sido filho de Aus, que era filho de Aram, que era filho de Sem, o primeiro filho de Noé.

Esse povo ocupou uma grande porção do sul da Arábia, que se estendia de Omã, na embocadura do Golfo Pérsico, até Hadramaut e Iêmen, no extremo sul do Mar Vermelho. As longas e onduladas regiões de *ahqaf* (areia) em seu domínio eram irrigadas por canais.

O povo era de grande estatura física e tinha excelentes pedreiros e construtores. No entanto, como ocorre tão frequentemente, seus amplos progressos resultaram no abandono da verdade de Deus, e os líderes afligiam o povo com a opressão em seu grau mais severo.

Uma fome de três anos os visitou, mas não lhe deram atenção, e por fim uma terrível e arrasadora tempestade de vento ardente destruiu as pessoas e sua civilização. Um remanescente, conhecido como Segundo Ad, ou Thamud, salvou-se e sobreviveu, mas mais tarde sofreu destino semelhante, presumivelmente por causa dos pecados do povo.

A tumba do profeta Hud (*Qabr Nabi Hud*) ainda é mostrada aos visitantes em Hadramaut, latitude 16° norte, longitude 49,5° leste, cerca de 90 milhas ao norte de Mukalla. Ruínas e inscrições abundam nos arredores, e há uma peregrinação anual a esse sítio no mês de Rajab.

Iram parece ter sido uma antiga capital Ad no sul da Arábia, que ostentava uma arquitetura monumental. De modo controverso, alguns arqueólogos e historiadores acreditam que Iram fosse o nome de um herói individual dos Ad. Se isso for verdade, as palavras descritivas "altos pilares" não se aplicariam aos edifícios, mas às próprias pessoas, pois os Ad eram uma raça alta.

Essas terras, às vezes chamadas de Arábia Feliz, são uma fonte de interesse, devoção e prosperidade para muitos árabes, pois em suas muitas ruínas foram encontrados numerosos objetos de valor histórico, religioso e monetário. Na época de Muawiya, encontrou-se um rico esconderijo de pedras preciosas, e mais recentemente vieram à luz em Najram algumas moedas de ouro, prata e bronze com inscrições na língua de Sabá.

A fonte das informações de linhagem e geografia dadas acima é o *Santo Corão*. Kahlil Gibran provavelmente baseou sua peça "Iram, a Cidade dos Altos Pilares" nessas informações, ou em alguma mitologia oriental similar que leva adiante o espírito da breve fantasia árabe a seguir:

"Quando Shaddad, filho de Ad, se tornou o Grande Rei do Mundo, mandou mil emires buscarem para ele uma vasta terra abundante de água e de ar puro, para que pudesse construir nela uma Cidade Dourada longe das montanhas. Os chefes vagaram pelo mundo afora em busca de tal terra, e cada emir levou consigo mil homens.

"E quando foi encontrada os arquitetos e engenheiros ergueram nela uma cidade quadrada de quarenta léguas.

Construíram uma imensa muralha de quinhentos côvados de altura, feita de pedras de ônix, e cobriram-na com folhas de ouro que ofuscavam os olhos quando o Sol brilhava.

"E o rei Shaddad despachou seu povo para todas as partes do mundo, ordenando que cavassem ouro do solo, para ser usado como argamassa dos tijolos. E construiu dentro dos muros da cidade cem mil palácios para cem mil nobres de seu reino. Cada palácio foi erguido sobre colunas de crisólito e rubi mesclados com ouro, e cada coluna se levantava cem côvados na direção do céu.

"E os rios foram trazidos para atravessar a cidade, e seus tributários para atravessar os palácios. As ruas da cidade eram de ouro e pedras preciosas e rubi, e os palácios eram adornados ricamente de ouro e prata. Árvores foram plantadas ao longo das margens do rio, e seus galhos eram de ouro vivo, e suas folhas de prata, e seus frutos de ônix e pérolas. E as paredes dos palácios eram enfeitadas com almíscar e âmbar-gris.

"E o rei Shaddad construiu para si um jardim cujas árvores eram de esmeralda e rubi, e sobre os galhos cantavam pássaros de ouro puro".

Iram, a Cidade dos Altos Pilares

Local da peça
Uma pequena floresta de nogueiras, romãzeiras e choupos. Nesta floresta, entre o rio Orantes (Nahr el'Asi) e a aldeia de Hermil, ergue-se uma velha casa solitária numa clareira.

Tempo da peça
Fim de tarde, em meados de julho de 1883.

Personagens da peça
Zain Abedin de Nahawand – 40 anos, dervixe e místico persa.
Najib Rahmé – 30 anos, erudito libanês.
Amena Divina – idade desconhecida, profética e misteriosa, conhecida nos arredores como a Huri do Vale.

Quando a cortina se levanta, Zain Abedin é visto com a cabeça apoiada sobre uma das mãos, sob as árvores, e com seu longo cajado traça figuras circulares no chão. Najib Rahmé entra na clareira a cavalo alguns instantes depois. Desmonta, amarra as rédeas num tronco de árvore, tira o pó das vestes e se aproxima de Zain Abedin.

Najib
A paz esteja com o senhor!

Zain
E contigo esteja a paz **(vira o rosto para o lado e murmura para si mesmo).** Paz aceitaremos... mas superioridade? Essa é uma outra questão.

Najib
Este é o local de residência de Amena Divina?

Zain
Este é somente um de seus muitos domicílios. Ela não vive em nenhum, embora exista em todos.

Najib
Já investiguei em vários, mas ninguém sabia que Amena Divina tinha numerosas residências.

Zain
Isso prova que teus informantes são pessoas que não conseguem ver senão com os olhos, nem ouvir a não ser com os ouvidos. Amena Divina está por toda a parte (aponta para o oriente com o cajado) e vagueia pelas colinas e pelos vales.

Najib
Ela voltará aqui hoje?

Zain
Se o céu assim desejar, ela voltará aqui hoje.

Najib (sentando-se sobre uma pedra diante de Zain e fitando-o)
Sua barba me revela que o senhor é persa.

Zain
Sim, nasci em Nahawand, fui criado em Shizar e educado em Nisabur. Viajei pelo ocidente e pelo oriente do mundo e retornei, pois descobri que era um estrangeiro em toda a parte.

Najib
Frequentemente somos estrangeiros para nós mesmos!

Zain (desconsiderando o comentário de Najib)
Na verdade, encontrei-me e conversei com milhares de homens, e não pude achar nenhum que não estivesse satisfeito com seus arredores próximos, confinando-se a suas pequenas prisões, que são tudo o que eles conhecem e veem neste vasto mundo.

Najib (espantado com as palavras de Zain)
O homem não é naturalmente apegado ao seu lugar de nascimento?

Zain
A pessoa que é limitada no coração e no pensamento se inclina a amar aquilo que é limitado na vida. O míope não consegue enxergar mais do que um côvado à frente no caminho que percorre, nem mais do que um côvado da parede na qual repousa seu ombro.

Najib
Nem todos nós somos capazes de ver com nossos olhos interiores as grandes profundezas da vida, e é cruel exigir que o míope enxergue o embaçado e o distante.

Zain
Tens razão, mas não é cruel também espremer o vinho da uva verde?

Najib (após um breve silêncio contemplativo)
Por muitos anos tenho ouvido falar de Amena Divina. Fiquei fascinado por essas histórias e decidi conhecê-la para inquirir seus segredos e mistérios.

Zain
Não há ninguém neste mundo capaz de possuir os segredos de Amena Divina, tal como não há ser humano capaz de caminhar sobre o fundo do mar como se passeasse num jardim.

Najib
Peço-lhe perdão, senhor, por não ter deixado claro o meu propósito. Sei que não sou capaz de adquirir por mim mesmo os mistérios não revelados de Amena Divina. Minha principal esperança é que ela me conte a história de sua estada em Iram, a cidade dos altos pilares, e do tipo de coisas que encontrou naquela capital dourada.

Zain
Basta simplesmente que tu te coloques à porta dos sonhos dela. Se se abrir, alcançarás teu objetivo; se não se abrir, então teu próprio ser deverá ser o culpado.

Najib
Não consigo entender essas estranhas palavras.

Zain
Mas são simples... simples se comparadas à grande recompensa que terás se obtiveres êxito. Amena Divina sabe mais a respeito das pessoas do que elas mesmas, e pode perceber num vislumbre tudo aquilo que está oculto dentro delas. Se ela te achar digno, ficará feliz em conversar contigo e te colocar na trilha verdadeira rumo à luz. Do contrário, ela te desconsiderará com uma força que pressagia tua não existência.

Najib
Que devo fazer e que devo dizer para provar que sou digno?

Zain
É vão, é um desperdício tentar aproximar-se de Amena Divina por meio de palavras ou gestos, pois ela não ouve nem vê. Mas através da alma de seu ouvido ela escutará o que não dizes, e através da alma de seu olho ela verá o que não fazes.

Najib
Como essas palavras são sábias e belas!

Zain
Se eu tivesse de falar de Amena Divina por um século, tudo o que diria não seria mais do que o zumbido de um mudo que peleja para cantar uma canção de beleza.

Najib
O senhor sabe onde nasceu essa mulher estranha?

Zain
Seu corpo nasceu nas proximidades de Damasco, mas tudo o mais, maior do que a substância, nasceu no seio de Deus.

Najib
O que sabe de seus pais?

Zain
Em que isso é relevante? Podes estudar um elemento adequadamente examinando apenas sua superfície? Podes prever o gosto do vinho espiando sobre o recipiente?

Najib
O senhor diz a verdade. No entanto, deve haver um vínculo entre o espírito e o corpo, tal como há um vínculo entre o corpo e seus arredores imediatos. E, embora eu não ponha fé alguma no acaso, acredito que um conhecimento dos antecedentes de Amena Divina me será valioso para sondar o segredo de sua vida.

Zain
Bem pensado! Nada sei a respeito da mãe dela, exceto que morreu no parto de Amena, sua filha única. Seu pai era o xeque Abdul Ghany, o famoso profeta cego, que diziam ser um adivinho e era reconhecido como o imã de sua época no misticismo. Que sua alma receba a mercê de Deus! Era fanaticamente apegado à filha e educou-a cuidadosamente, derramando todo o seu coração dentro do coração dela. E enquanto a menina crescia ele se empenhou para que ela extraísse dele todo o seu conhecimento e a sua sabedoria. Na verdade, todo o grande ensinamento dele era insignificante comparado à sabedoria que Deus já tinha concedido a Amena. E ele dizia da filha: "De dentro de minha escuridão dolorosa veio uma grande luz que iluminou meu caminho pela vida". Quando Amena fez 23 anos, o pai a levou consigo em peregrinação, e quando cruzavam o deserto de Damasco, trilhando seu caminho pela terra devastada, e a cidade iluminada desaparecia atrás deles, o pai cego teve febre e morreu. Amena o enterrou e vigiou seu túmulo por sete dias e sete noites, chamando pelo espírito do pai e indagando os segredos ocultos de sua alma. E na sétima noite o espírito do pai desobrigou-a de sua vigília e mandou-a viajar para o sudeste, ao que ela obedeceu **(Zain para de falar, fita o horizonte distante, e após alguns instantes retoma)**. Ela retomou sua jornada e empreendeu sua marcha até alcançar o coração do

deserto, chamado Rabh el Khali, por onde nenhuma caravana, que eu saiba, jamais passou. Parece que só uns poucos peregrinos alcançaram aquele lugar nos primeiros dias da religião islâmica. Os peregrinos acharam que Amena tinha se perdido e a prantearam como se tivesse morrido de fome. Quando regressaram, contaram a tragédia à população de Damasco. Todos os que tinham conhecido o xeque Abdul Ghany e sua estranha filha lamentaram o ocorrido, mas, com o passar dos anos, acabaram por esquecê-los. Cinco anos depois, Amena Divina apareceu em Musil, e graças à sua sabedoria sobrenatural, ao seu conhecimento e à sua beleza, sua presença fascinou as pessoas como uma estrela cadente prateada que cruza o céu azul da noite.

Najib (interrompendo, embora obviamente interessado no relato de Zain)
Amena revelou sua identidade às pessoas?

Zain
Ela nada revelou acerca de si mesma. Colocou-se, de rosto descoberto, diante dos imãs e dos doutores, falando de coisas divinas e imortais, e descrevendo-lhes a Cidade dos Altos Pilares de maneira tão eloquente que surpreendia e cativava seus ouvintes, e o número de seus seguidores aumentava a cada dia.
Os sábios da cidade tiveram inveja e se queixaram ao emir, que convocou Amena à sua presença. O emir pôs nas mãos dela uma bolsa com ouro e ordenou-lhe que saísse da cidade. Ela recusou o ouro e, sozinha, deixou a cidade sob o manto da noite. Viajou por Constantinopla, Damasco, Homs e Trípoli, e em cada cidade trazia luz para os corações das pessoas que se reuniam em torno dela, atraídas por seu mágico poder. No entanto, os imãs de cada cidade se opuseram a ela, e o exílio perpétuo tornou-se seu quinhão.
Finalmente, após decidir levar uma vida solitária, ela chegou a este lugar alguns anos atrás. Negou a si mesma todas as coisas, exceto o amor de Deus e as meditações sobre Seus mistérios. Este é apenas um mínimo retrato da história de Amena Divina. Mas

o poder abençoado dado a mim por Deus para entender algo da existência ideal de Amena é o mesmo poder que, com seu esmagador embriagamento do coração, me torna incapaz de descrever em palavras mundanas as maravilhas de Amena Divina. Que ser humano é capaz de reunir em uma taça a sabedoria total que envolve este mundo em muitas taças?

Najib
Sou-lhe muito grato, senhor, pelas informações interessantes e vitais que me ofereceu. Minha ânsia por vê-la é agora maior do que nunca!

Zain (fitando Najib com olhar penetrante)
Tu és cristão, não és?

Najib
Sim, nasci cristão. No entanto, com todo respeito por meus ancestrais, que me legaram uma religião e um nome, tenho de acrescentar que, se abríssemos mão das diversas religiões, nós nos veríamos unidos e gozando uma única grande fé e religião, abundante de fraternidade.

Zain
Tu falas com sabedoria, e nesse tema de uma fé comum ninguém é mais fartamente informado do que Amena Divina. Ela é, para as multidões de crenças e linhagens, como o orvalho da manhã que cai do alto e se torna como gemas cintilantes sobre as folhas coloridas das flores. Sim... ela é como o orvalho da manhã... (Zain para de falar neste momento e olha na direção leste, ouvindo com atenção. Em seguida, levanta-se, fazendo Najib ficar alerta. Zain adverte num sussurro excitado) Amena Divina se aproxima! Que a boa sorte esteja contigo!

Najib (num sussurro excitado)
Meus longos meses de ansiedade podem em breve achar recompensa! (Najib leva a mão à testa, como que para acalmar seus nervos excitados, e sente uma mudança na atmosfera do ambiente.

Recordando as palavras de Zain sobre o possível fracasso, sua expressão de alegre expectativa muda para uma de funda preocupação, mas agora ele permanece tão imóvel quanto uma estátua de mármore.)
(Amena Divina entra e se coloca diante dos dois homens. Está envolta em longas roupas de seda, e seus traços, gestos e vestes fazem com que se assemelhe a uma dessas deusas adoradas em tempos passados, mais do que a uma mulher oriental de seu tempo. É impossível especular, nem levemente, sobre sua idade, pois seu rosto, embora juvenil, é misterioso, e seus olhos profundos refletem mil anos de sabedoria e sofrimento. Najib e Zain permanecem reverentemente imóveis, como se estivessem na presença de um dos profetas de Deus.)

Amena (depois de fitar Najib como se penetrasse o coração dele com seus olhos magníficos, numa voz serena e confiante)
Estás aqui para aprender sobre nós, mas não saberás mais sobre nós do que sabes sobre ti mesmo, e ouvirás de nós somente aquilo que ouves de ti mesmo.

Najib (perplexo e exibindo um medo nervoso)
Já vi, já ouvi, já acreditei... Estou satisfeito.

Amena
Não te contentes com a satisfação parcial, pois aquele que haure a fonte da vida com um jarro vazio partirá com dois jarros cheios. (Amena estende a mão na direção dele; Najib a toma, assustado, com ambas as mãos e beija-lhes as extremidades dos dedos, impelido por uma emoção forte e desconhecida. Em seguida, ela oferece a outra mão a Zain Abedin, e ele a beija. Najib parece feliz por ter seguido o procedimento correto em primeiro lugar. Amena Divina lentamente se afasta. Senta-se sobre uma pedra lisa e fala a Najib) Estas são as cadeiras de Deus. Sente-se. (Najib se senta perto dela, e Zain faz o mesmo. Amena continua, de novo para Najib) Vemos em teus olhos a verdadeira luz de Deus, e aquele que olha com a verdadeira luz de Deus verá em nós nossa

realidade íntima. Tu és sincero e amas a verdade, e portanto desejas conhecer mais da verdade. Se tiveres palavras a dizer, basta falares e daremos ouvido, e se tiveres uma dúvida em teu coração pergunta e te responderemos com a verdade.

Najib
Vim indagar acerca de uma matéria que vem sendo um obsessivo tema de conversa para as multidões. Mas quando me vi na vossa presença, percebi a enormidade do sentido da vida, da verdade e de Deus, e agora tudo o mais não tem importância. Sou como o pescador que lançou sua rede no mar esperando encontrá-la cheia de alimento para um dia de subsistência, mas que, ao recolher a rede, encontrou-a apinhada de perenes pedras preciosas.

Amena
Vejo em teu coração que ouviste acerca de nossa estada em Iram, a Cidade dos Altos Pilares, e que desejas agora ouvir mais coisas sobre a Cidade Dourada.

Najib (envergonhado, mas intensamente curioso)
Sim, desde minha infância o nome Iram, a Cidade dos Altos Pilares, vem frequentando meus sonhos, atiçando meus pensamentos e agitando meu coração com seu sentido oculto e sua tremenda significação.

Amena (levanta a cabeça e fecha os olhos, e numa voz que, para Najib, parece emanar do coração do espaço, fala, solenemente)
Sim, nós alcançamos e adentramos a Cidade Dourada. Lá permanecemos e enchemos nossa alma com sua fragrância, e nosso coração com seus segredos, e nossas bolsas com suas pérolas e rubis, e nossos ouvidos com sua música, e nossos olhos com sua beleza. E quem duvidar do que vimos, ouvimos e encontramos lá estará duvidando de seu próprio ser diante de Deus e dos homens.

Najib (devagar, com dificuldade e humildade)
Eu não passo de uma criança, gaguejando e balbuciando, incapaz

de me expressar. Poderíeis fazer-me a gentileza de explicar mais e de perdoar tantas perguntas?

Amena
Pergunta o que quiseres, pois Deus fez várias portas que levam à verdade, portas que Ele abre a todos os que a elas baterem com mãos cheias de fé.

Najib
Entrastes em Iram, a Cidade dos Altos Pilares, em corpo ou em espírito? Essa Cidade Dourada é construída com os elementos cintilantes deste mundo e erguida numa parte precisa desta Terra, ou é uma cidade imaginária ou espiritual, que somente os profetas de Deus podem alcançar em êxtase, quando a Providência lança sobre suas almas um véu de eternidade?

Amena
Tudo na Terra, visível e invisível, é somente espiritual. Eu entrei na Cidade Dourada com meu corpo, que é uma mera manifestação mundana de meu espírito maior, e que é, em todas as pessoas, um cofre temporário para a salvaguarda do espírito. Entrei em Iram com meu corpo ocultando dentro de si meu espírito, pois ambos são sempre presentes enquanto estão na Terra, e aquele que se esforça em separar o corpo do espírito, ou o espírito do corpo, está dirigindo seu coração para longe da verdade. A flor e seu perfume são uma coisa só, e os cegos que negam a cor e a imagem da flor, acreditando que ela só possui uma fragrância vibrando no éter, são como os que têm narinas embotadas e acreditam que as flores não passam de linhas e cores, desprovidas de todo perfume.

Najib
Então, Iram, a Cidade dos Altos Pilares, é um lugar apenas espiritual!

Amena (indulgentemente)
Tempo e lugar são estados espirituais, e tudo o que é visto e ouvido é espiritual. Se fechares os olhos, perceberás todas as coisas através

das profundezas do teu ser interior, e verás o mundo, físico e etéreo, em sua absoluta inteireza, e te familiarizarás com suas necessárias leis e precauções, e entenderás a grandeza que ele possui para além de sua proximidade. Sim... se fechares os olhos e abrires o coração e tua percepção interior, descobrirás o início e o fim da existência... este início que em seus giros se torna um fim, e este fim que seguramente tem que se tornar um início.

Najib
Todo ser humano é capaz de fechar assim os olhos e ver a desnudada verdade da vida e da existência?

Amena
O homem é capacitado por Deus a ter esperança e a esperar ardentemente, até que aquilo por que ele espera tome a forma de esquecimento para seus olhos, e com isso ele finalmente verá seu ser verdadeiro. E aquele que vê seu ser verdadeiro vê a verdade da vida real para si mesmo, para toda a humanidade e para todas as coisas.

Najib (pondo ambas as mãos sobre o peito)
Então tudo o que posso ver, ouvir, tocar e pensar neste Universo existe bem aqui, no meu próprio coração!

Amena
Todas as coisas neste vasto Universo existem em ti, contigo e para ti.

Najib
Então posso dizer, com toda verossimilhança, que Iram, a Cidade dos Altos Pilares, não está muito distante, mas se encontra dentro de *mim*, esta entidade que existe como Najib Rahmé!

Amena
Todas as coisas desta criação existem dentro de ti e todas as coisas em ti existem na criação. Não há fronteira entre ti e as coisas mais próximas, e não há distância entre ti e as coisas mais longínquas, e todas as coisas, da mais baixa à mais elevada, da menor à maior,

estão dentro de ti como coisas iguais. Em um átomo se encontram todos os elementos da Terra. Em um movimento da mente se encontram os movimentos de todas as leis da existência. Em uma gota d'água se encontram os segredos de todos os oceanos sem fim. Em um aspecto de *ti* se encontram todos os aspectos da existência.

Najib (sobrepujado pela amplidão do assunto, e após uma breve pausa, que lhe permite plena assimilação do que está aprendendo) Contaram-me que tu viajaste muitos dias antes de alcançar o coração do deserto de Rabh el Khali, e que o espírito de vosso pai se revelou a vós e vos dirigiu em vossas andanças até chegardes à Cidade Dourada. Se uma pessoa desejasse alcançar essa cidade, precisaria estar no mesmo estado espiritual que possuíeis naquela época? Seria necessário que ela possuísse vossa sabedoria a fim de obter ingresso naquele lugar celestial que vós visitastes?

Amena
Nós cruzamos o deserto, sofremos as agruras da fome, a demência da sede, os medos do dia, os horrores da noite e o silêncio apavorante da eternidade antes de poder ver as muralhas da Cidade Dourada. Mas muitos são os que alcançaram a cidade de Deus antes de nós sem caminhar um côvado, e se deleitaram em sua beleza e em seu brilho sem padecer no corpo nem no espírito. Em verdade te digo que muitos têm visitado a Cidade Sagrada, embora nunca tenham saído de seus locais de nascimento.
(Amena Divina se cala e permanece muda por um instante. Em seguida, aponta para as árvores e moitas a seu redor e retoma) Para cada semente que o outono lança no coração da terra existe uma maneira diferente de romper a casca desde a polpa; e então são criadas as folhas, e então as flores, e então os frutos. Mas, a despeito do modo como isso ocorra, essas plantas têm de enfrentar uma única peregrinação, e sua grande missão é se erguer diante da face do Sol.

Zain (movendo-se graciosamente para a frente e para trás, impressionado com Amena, como se estivesse num mundo superior. Com voz inspirada, ele grita, com devoção)
Deus é grande! Não há outro Deus senão Alá, o Misericordioso, que conhece nossos desejos!

Amena
Alá é grande... não há outro Deus senão Alá... Não há nada senão Alá!

Zain (repete as palavras de Amena num sussurro quase inaudível, com visível e fervente tremor)

Najib (fita Amena Divina como num transe e numa voz forte e desafiadora diz)
Não há outro Deus senão *Deus*!

Amena (surpresa)
Não há outro Deus senão *Alá*... não há nada senão *Alá*. Tu podes repetir estas palavras e permanecer cristão, pois um Deus que é bom ignora as segregações entre palavras e nomes, e se existisse um Deus que negasse Sua bênção àqueles que seguem uma trilha diferente para a eternidade, então não haveria nenhum ser humano que oferecesse adoração.[1]

Najib (inclina a cabeça, fecha os olhos e repete as palavras de Amena em oração a Alá. Levanta a cabeça e diz)
Direi as palavras ao Deus que me oferece o verdadeiro caminho até Ele, e continuarei a dizê-las a Ele até o fim de minha vida, pois estou em busca da verdade. E minhas orações para Deus são para *O Deus*, onde quer que esteja e como quer que seja chamado. Eu amo a Deus... e por toda a minha vida eu amarei a Deus.

Amena
Tua vida não tem fim, e tu viverás para todo o sempre.

---

1. Os cristãos zelosos do Oriente Médio aprendem que é pecado repetir qualquer oração que pertença à religião islâmica. (N.E.)

Najib
Quem sou eu e *o que* sou, para viver eternamente?

Amena
Tu és *tu*, e como tal és uma criatura de Deus, e portanto és todas as coisas.

Najib
Amena Divina, sei que as partículas que compõem meu próprio *ser* permanecerão enquanto eu permanecer. Mas este *pensamento* que eu chamo de *mim mesmo* permanecerá? Permanecerá este novo e pálido despertar, ornamentado com a luz sonolenta da aurora? Permanecerão estas esperanças e estes desejos, pesares e alegrias? Permanecerão estas fantasias arrepiantes de meus sonhos perturbados, brilhantes à luz da verdade?

Amena (levanta os olhos para o céu, como se tentando alcançar alguma coisa no grande bolsão do espaço. Com voz clara e forte diz)
Toda coisa que existe permanece para sempre, e a própria existência da existência é prova de sua eternidade. Mas sem se dar conta disso, que é o conhecimento do ser perfeito, o homem jamais saberia se há existência ou não existência. Se a existência eterna for alterada, então ela tem de se tornar mais bela; se desaparecer, deve retornar com imagem mais sublime; e se dormir deve sonhar com um melhor despertar, pois ela é ainda maior depois de renascer. Tenho piedade daqueles que admitem a eternidade dos elementos com os quais o olho é feito, mas ao mesmo tempo duvidam da eternidade dos vários objetos de visão que empregam o olho como um meio.
Tenho compaixão por aquele que divide a vida em duas partes e, ao mesmo tempo, deposita fé em uma parte e duvida da outra. Fico entristecida com aquele que contempla as montanhas e planícies sobre as quais o Sol lança seus raios, que ouve a brisa entoar a canção dos galhos delicados, que inala a fragrância das

flores e do jasmim, e depois diz a si mesmo: "Não... o que vejo e ouço é efêmero, e o que sei e sinto desaparecerá". Essa alma humilde que vê e contempla reverentemente as alegrias e os pesares a seu redor, e logo nega a perpetuidade de sua existência, deve ela mesma diluir-se como vapor no ar e desaparecer, pois está buscando escuridão e dando as costas à verdade. Na verdade, é uma alma viva negando *sua* própria existência, pois nega *outras* coisas de Deus que existem.

Najib (excitado)
Amena Divina, acredito em minha existência, e aquele que ouve tuas palavras e não crê é antes uma pedra sólida do que um ser humano.

Amena
Deus colocou em cada alma um guia verdadeiro para a grande luz, mas o homem luta para encontrar vida fora de si mesmo, sem ter consciência de que a vida que está buscando está dentro dele.

Najib
Existe alguma luz fora do corpo com a qual possamos iluminar o caminho para dentro de nossas profundezas íntimas? Possuímos algum poder que agite nossos espíritos e desperte em nós a percepção de nosso esquecimento vívido e aponte o caminho para o conhecimento eterno? (Cala-se por alguns instantes, aparentemente temeroso de prosseguir. Logo retoma, como que superando a relutância) A alma de vosso pai não vos revelou o segredo do encarceramento mundano da alma?

Amena
É inútil para o viajante bater à porta da casa vazia. O homem está de pé, mudo, entre a não existência dentro de si mesmo e a realidade de seu ambiente. Se não possuíssemos o que temos dentro de nós mesmos, não poderíamos ter as coisas que chamamos de nosso ambiente. O espírito de meu pai chamou por mim quando minha alma chamou por sua alma, e revelou ao meu conhecimento

exterior aquilo que meu conhecimento interior já conhecia. Portanto, simplesmente, se não fosse pela fome e pela sede dentro de mim, eu não teria obtido alimento e água de meu ambiente; e se não fosse pela saudade e pela afeição dentro de mim não teria encontrado o sujeito de minha saudade e afeição em torno de mim na Cidade Dourada.

Najib
Qualquer pessoa é capaz de esticar um fio do novelo de sua saudade e afeição e prendê-lo entre sua alma e uma alma já ida? Existem pessoas dotadas da capacidade de falar com os espíritos e entender-lhes a vontade e o propósito?

Amena
Entre o povo da eternidade e o povo da Terra existe uma comunicação constante, e tudo obedece à vontade desse poder invisível. Frequentemente, um indivíduo executará uma ação acreditando que ela nasceu de seu próprio livre-arbítrio e comando, mas de fato ele foi guiado e impelido com precisão para executá-la. Muitos grandes homens atingiram sua glória ao se entregar em completa submissão à vontade do espírito, sem empregar nenhuma relutância ou resistência às demandas dele, tal como um violino se entrega à vontade absoluta de um músico virtuoso.
Entre o mundo espiritual e o mundo da substância existe uma trilha sobre a qual caminhamos num desfalecimento sonâmbulo. Ela nos alcança e não temos consciência de sua força, e quando retornamos a nós mesmos descobrimos que estamos carregando com nossas mãos reais as sementes a serem plantadas cuidadosamente na boa terra de nossas vidas diárias, gerando boas ações e palavras de beleza. Se não fosse esta trilha entre nossas vidas e as vidas passadas, nenhum profeta, nenhum poeta, nenhum sábio teria surgido no meio do povo **(Amena baixa a voz num sussurro imperioso e continua).** Em verdade te digo, e o tempo por vir o provará, que existem laços entre o mundo superior e o mundo inferior tão seguramente quanto existe um cordão umbilical entre a mãe e

seu filho. Estamos rodeados de uma atmosfera intuitiva que atrai nossa consciência interior, e de um conhecimento que adverte nosso julgamento, e de um poder que fortalece nosso próprio poder. Digo-te que nossa dúvida não desaprova nem fortifica nossa entrega àquilo de que duvidamos, e o fato de nos ocuparmos com a autogratificação não nos desviará do cumprimento, pelos espíritos, de seus propósitos; e cegar-nos a nós mesmos para a realidade de nosso ser espiritual não esconderá nosso ser espiritual dos olhos do Universo. E se pararmos de andar ainda estaremos andando se eles estiverem... e se permanecermos imóveis ainda estaremos nos movendo com o movimento deles... E se nos silenciarmos ainda estaremos falando com as vozes deles...
Nosso sono não pode afastar de nós a influência do despertar deles, nem pode nosso despertar desviar os sonhos deles dos palcos de nossas fantasias, pois nós e eles somos dois mundos abraçados por um mundo... Nós e eles somos dois espíritos envoltos dentro de um espírito... Nós e eles somos duas existências unidas por uma Suprema e Eterna Consciência que está acima de tudo, não tem começo nem fim.

Najib (radiante, está agora pensando e sentindo na linha das revelações de Amena Divina)
Jamais chegará o dia em que o homem descobrirá por meio do conhecimento e da experiência científica e da manifestação terrena aquilo que os espíritos sempre souberam por meio de Deus, e que nossos corações souberam por meio da saudade? Temos de aguardar a morte para estabelecer a eternidade de nossos seres ideais? Jamais chegará o dia em que sentiremos com os dedos de nossas mãos estes grandes segredos que agora sentimos somente com os dedos de nossa fé?

Amena
Sim, esse dia chegará. Mas como são ignorantes os que veem, sem questionar, a existência abstrata com *alguns* de seus sentidos, mas insistem em duvidar até que a existência se revele a

todos os seus sentidos. Acaso não é a fé o sentido do coração tão verdadeiramente quanto a visão é o sentido dos olhos? E como é mesquinho aquele que ouve o canto do melro e o vê pairando acima das árvores, mas duvida do que ouviu e viu enquanto não agarrar o pássaro com as mãos. Uma *porção* de seus sentidos não era suficiente? Como é estranho aquele que sonha com a verdade de uma realidade bela e depois, quando tenta moldá-la numa forma mas não consegue, duvida do sonho, blasfema contra a realidade e desconfia da beleza!
Como é cego aquele que fantasia e planeja uma matéria em toda forma e em seus ângulos verdadeiros e, quando não consegue prová-la completamente com medições superficiais e provas verbais, acredita que sua ideia e sua imaginação eram objetos vazios! Mas se contemplar com sinceridade e meditar sobre tais acontecimentos, entenderá com convicção que sua ideia é tão real quanto o pássaro no céu, mas que ela ainda não se cristalizou, e que a ideia é um segmento de conhecimento que não pode ser provado com figuras e palavras, pois é alta demais e espaçosa demais para ser aprisionada naquele momento, demasiadamente imersa no espiritual para se submeter ainda ao real.

Najib (acreditando, mas curioso)
Existe ser verdadeiro em toda imaginação e conhecimento real em toda ideia e fantasia?

Amena
Em verdade, é impossível para o espelho da alma refletir na imaginação algo que não esteja diante dele. É impossível para o lago tranquilo mostrar em sua profundeza a figura de qualquer montanha ou a silhueta de qualquer árvore ou nuvem que não exista perto do lago. É impossível para a luz lançar sobre a terra a sombra de um objeto que não tenha ser. Nada pode ser visto, ouvido ou sentido de outra maneira a menos que tenha um *ser* real. Quando tu *sabes* uma coisa, tu *crês* nela, e o crente verdadeiro vê com seu *discernimento espiritual* aquilo que o investigador

superficial não pode ver com os olhos de sua cabeça, e ele entende através de seu pensamento *interior* aquilo que o examinador de fora não consegue entender com seu processo de pensamento exigente, adquirido.

O crente se familiariza com as realidades sagradas por meio de sentidos profundos, diferentes dos usados pelos outros. Um crente considera seus sentidos como uma grande parede que o envolve, e quando caminha pela trilha diz: "Esta cidade não tem saída, mas é perfeita por dentro" **(Amena se levanta, caminha rumo a Najib e, após uma pausa, diz).** O crente vive por todos os dias e todas as noites, e o infiel só vive por algumas horas.

Como é pequena a vida da pessoa que coloca suas mãos entre seu rosto e o mundo, não vendo nada mais além das linhas de suas mãos!

Como são injustos para consigo mesmos aqueles que dão as costas para o Sol e nada mais veem exceto as sombras de seus seres físicos sobre a Terra!

Najib (de pé, preparando-se para partir)
Devo dizer às pessoas que Iram, a Cidade dos Altos Pilares, é uma cidade espiritual de sonhos, e que Amena Divina a alcançou por meio da saudade e da afeição e da porta da fé?

Amena
Diz-lhes que Iram, a Cidade dos Altos Pilares, é uma cidade verdadeira, que existe com a mesma característica visível dos oceanos, das montanhas, das florestas e dos desertos, pois tudo na eternidade é real. Diz-lhes que Amena Divina alcançou-a após ter cruzado o grande deserto e sofrido as agonias da sede, a tortura da fome, os pesares e horrores da solidão. Diz-lhes que a Cidade Dourada foi erguida pelos gigantes das eras com os elementos cintilantes da existência, mas não foi escondida das pessoas, as pessoas é que se perderam dela. E diz-lhes que aquele que perde a direção antes de chegar a Iram deve maldizer o guia, e não a estrada íngreme e árida. Diz-lhes que aquele que não acender sua lâmpada da verdade

achará a estrada escura e intransponível. (Amena olha para o céu com amor nos olhos, e seu rosto emana doçura e paz)

Najib (aproxima-se de Amena devagar, com a cabeça baixa, toma a mão dela e sussurra)
Está anoitecendo e preciso retornar às moradas das pessoas antes que a escuridão devore a estrada.

Amena
Sob a direção de Deus encontrarás teu caminho na luz.

Najib
Caminharei à luz da grande tocha que colocaste em minha mão trêmula.

Amena
Caminha à luz da Verdade, que não pode ser apagada pela tempestade. (Amena olha demoradamente para Najib, com a fisionomia amorosa de uma mãe. Em seguida, caminha no rumo leste, em meio às árvores, até desaparecer de vista)

Zain
Posso te acompanhar até a proximidade do povoado?

Najib
Será meu prazer. Eu achava, porém, que o senhor vivia perto de Amena Divina. Cheguei a invejá-lo, dizendo a mim mesmo: "Quem me dera residir aqui".

Zain
Podemos viver longe do Sol, mas não podemos viver perto do Sol; e no entanto precisamos do Sol. Venho para cá frequentemente para ser abençoado e instruído, e em seguida parto, satisfeito. (Najib desamarra as rédeas e, puxando o cavalo, sai de cena com Zain Abedin)

(Cai o pano)

O Dia de meu Nascimento

Foi neste dia do ano
que minha mãe me trouxe ao mundo.
Neste dia, um quarto de século atrás,
o grande silêncio me colocou entre os braços da Existência,
repleta de lamentação, lágrimas e conflitos.

Vinte e cinco vezes circundei o Sol flamejante,
e muitas vezes mais a Lua circundou minha pequenez,
e no entanto não aprendi os segredos da luz
nem compreendo o mistério da escuridão.

Viajei nestes vinte e cinco anos
com a Terra, o Sol e os planetas
através do Supremo Infinito.
No entanto, minha alma anseia
por entender a Lei Eterna
tal como a gruta vazia reverbera
com o eco das ondas do mar,
mas nunca se enche.

A vida existe através da existência do sistema celestial,
mas não tem consciência
do poder desencadeado do firmamento,
e a alma canta o louvor
do fluxo e refluxo da melodia celeste,
mas não capta seu significado.

Vinte e cinco anos atrás,
a mão do Tempo registrou meu ser,
e sou uma página viva no livro do Universo.
No entanto, agora não sou nada,
nada senão uma palavra vaga,
signo de complicação
simbolizando ora nada, ora várias coisas.

Meditações e lembranças,
neste dia a cada ano,
congestionam minha alma
e detêm a procissão da vida,
revelando-me os fantasmas das noites desperdiçadas
e varrendo-os para longe,
tal como o grande vento dispersa
a nuvem tênue do horizonte.
E eles desaparecem no canto escuro de minha cabana
como o murmúrio do riacho estreito
deve extinguir-se no vale distante e amplo.

Neste dia, a cada ano,
os espíritos que modelaram minha alma
vêm me visitar desde a Eternidade
e se reúnem em torno de mim,

entoando os pesarosos hinos das lembranças.
Logo eles se retiram, velozes,
e desaparecem por trás dos objetos visíveis
como um bando de pássaros que desce
sobre um celeiro abandonado
onde não encontram nenhuma semente;
alçam voo, desapontados, e partem rapidamente
para um lugar mais compensador.

Neste dia, eu medito sobre meu passado,
cujo propósito desnorteia minha mente
e confunde meu coração,
e olho para ele como para um espelho embaçado
onde não vejo nada mais senão
as fisionomias cadavéricas dos anos passados.
Quando volto a olhar, vejo meu próprio ser
fitando meu ser pesaroso,
e questiono o Pesar, mas o encontro mudo.
O Pesar, se pudesse falar,
se mostraria mais doce do que a alegria do canto.

Durante meus vinte e cinco anos de vida,
tenho amado diversas coisas,
e frequentemente amei o que as pessoas odiavam,
e abominei o que as pessoas amavam.

E aquilo que amei quando era criança,
ainda amo, e continuarei a amar para sempre.
O poder de amar é a maior dádiva de Deus ao homem,
pois ela jamais será tirada
do abençoado que ama.

Kahlil Gibran

Amo a morte e chamo-a com nomes suaves
e louvo-a com palavras amorosas,
secretamente e diante das multidões
de ouvintes escarnecedores.

Embora nunca tenha renunciado
à minha grande ligação com a morte,
também me tornei profundamente
enamorado da vida,
pois vida e morte são iguais para mim
em encanto, doçura e atração,
e elas se deram as mãos para fomentar em mim
minhas saudades e minhas afeições,
e para compartilhar comigo meu amor e meu sofrimento.

Amo a liberdade,
e meu amor pela verdadeira liberdade
cresceu com meu crescente conhecimento
da rendição das pessoas à escravidão,
à opressão e à tirania,
e de sua submissão aos ídolos horríveis
erguidos pelas eras passadas
e polidos pelos lábios ressequidos dos escravos.

Mas amo esses escravos
com meu amor pela liberdade,
pois eles cegamente beijam
as mandíbulas de bestas ferozes
com calma e ditosa inconsciência,
sem sentir o veneno das víboras sorridentes

O Dia de meu Nascimento

e cavando sem saber suas covas
com seus próprios dedos.

Meu amor pela liberdade é meu maior amor,
pois descobri que ela é uma adorável donzela,
fragilizada pela solidão e debilitada pelo abandono
até se tornar um espectro a vagar
no meio das habitações, não reconhecida e malquista,
parando à beira dos caminhos e chamando pelos viajantes
que não lhe prestam ouvidos.

Durante estes vinte e cinco anos,
tenho amado a felicidade,
como todos os homens amam a felicidade.
Estive buscando-a constantemente,
mas não a encontrei nos caminhos dos homens,
nem localizei as marcas de suas pegadas
na areia diante dos palácios dos homens;
nem ouvi o eco de sua voz
vindo das janelas dos templos dos homens.

Busquei a felicidade em minha solidão,
e quando cheguei mais perto dela
ouvi minha alma sussurrar em meu coração:
"A felicidade que buscas é uma virgem,
nascida e criada nas profundezas de cada coração,
e ela não emerge de seu lugar de nascimento".
E quando abri meu coração para encontrá-la
descobri em seus domínios
apenas seu espelho, seu berço e sua túnica,
mas a felicidade não estava lá.

Amo o gênero humano
e amo igualmente todos os três tipos de humanos:
aquele que blasfema a vida,
aquele que a bendiz
e aquele que medita sobre ela.
Amo o primeiro por sua miséria,
o segundo por sua generosidade
e o terceiro por sua perspicácia e sua paz.

Assim, como amor,
vinte e cinco anos correm para dentro do nada,
e assim rapidamente se esvaem os dias e as noites,
caindo da estrada de minha vida
e esvoaçando para longe
como as folhas secas das árvores ante o vento do outono.

Hoje eu me detive em meu caminho,
como o viajante exausto que não chegou ao destino
mas tenta verificar sua posição.
Olhei em cada direção
mas não pude achar em parte alguma
nenhum vestígio de meu passado
que eu pudesse apontar e dizer: "Este é meu!".
Tampouco posso colher a safra de meus anos,
pois minhas tulhas exibem apenas
estes pergaminhos sobre os quais
a tinta preta está traçada
e estes desenhos sobre os quais
só aparecem linhas e cores simples.

O Dia de meu Nascimento

Com estes papéis e desenhos
tenho conseguido apenas amortalhar e sepultar
meu amor, meus pensamentos e meus sonhos,
tal como o semeador enterra as sementes
no coração da terra.

Mas depois de enterrar as sementes
no coração da terra o semeador volta para casa à tarde
esperando e aguardando pelo dia da colheita.
Mas eu enterrei as sementes íntimas do meu coração
                                              [em desespero,
e a esperança e o aguardo são inúteis.

E agora, depois de ter feito
vinte e cinco jornadas em torno do Sol,
olho para o passado por trás de um denso véu
de suspiros e pesares,
e o futuro silencioso se acende para mim
apenas através da lâmpada triste do passado.

Contemplo o Universo
através das vigas de minha choupana
e enxergo as faces dos homens,
ouço suas vozes emergirem no espaço
e ouço seus passos caindo sobre as pedras.
E percebo as revelações de seus espíritos,
as vibrações de seus desejos
e as batidas de seus corações.

E vejo as crianças, correndo, rindo,
brincando e chorando,
observo os jovens caminhando

com as cabeças levantadas bem alto
como se lessem e cantassem
o hino da juventude entre as margens de seus olhos,
delineados com os raios cintilantes do Sol.
E vejo as moças, que estão caminhando
com graça e balanço, como galhos tenros,
e sorrindo como flores, e espiando os rapazes
por trás de olhos trêmulos de amor.

E vejo os idosos caminhando lentamente
com as costas arqueadas,
dobrados sobre seus cajados,
fitando a terra como se nela buscassem
um tesouro perdido na juventude.

Observo essas imagens e fantasmas
movendo-se e rastejando
nas trilhas e estradas da cidade.

Em seguida, olho para além da cidade
e medito sobre a floresta,
sobre sua venerada beleza, seu silêncio eloquente,
seus montes e vales, suas árvores soberbas,
suas flores perfumadas, seus riachos borbulhantes,
seus pássaros canoros.

Em seguida, olho para além da floresta
e contemplo o mar com toda a sua mágica maravilha,
os segredos de suas profundezas,

O Dia de meu Nascimento

as ondas espumosas e bravias da superfície.
As profundezas são calmas.
Em seguida, olho para além do oceano
e vejo o céu infinito com suas estrelas brilhantes,
e seus sóis, suas luas e seus planetas,
suas forças gigantescas, sua miríade de elementos
que obedecem infalivelmente à grande lei
que não tem começo nem fim.

Sobre tais coisas pondero entre minhas paredes,
esquecendo meus vinte e cinco anos
e todos os anos que os precederam
e todos os séculos por vir.

Neste momento, minha própria existência
e todo o meu ambiente se parecem
com o suspiro fraco de uma criancinha
tremendo no vazio profundo e eterno
de um espaço supremo e ilimitado.

Mas esta entidade insignificante,
este ser que sou eu mesmo,
e cuja vibração e cujo clamor escuto constantemente,
está agora abrindo asas fortalecidas
rumo ao firmamento espaçoso,
estendendo mãos em todas as direções.
Balouçando e tremulando sobre este dia
que me trouxe para a vida
e trouxe a vida para mim.

Kahlil Gibran

E logo uma voz tremenda se ergue
do Santo dos Santos dentro de mim,
dizendo: — A paz esteja contigo, Vida!
Paz contigo, Despertar!
Paz contigo, Revelação!
Paz contigo, ó Dia,
que devoras a escuridão da Terra
com tua luz brilhante!
Paz contigo, ó Noite,
através de cuja escuridão
as luzes do céu cintilam!

— A paz esteja convosco, Estações do Ano!
Paz contigo, Primavera,
que restauras a Terra à juventude!
Paz contigo, Verão,
que alardeias a glória do Sol!
Paz contigo, Outono,
que dás a alegria dos frutos da labuta
e a colheita da faina!
Paz contigo, Inverno,
cuja raiva e cuja tempestade restauram
a força adormecida da natureza!

— A paz esteja convosco, Anos,
que revelam o que os anos escondem!
Paz contigo, Eras,
que constroem o que as eras destroem!
Paz contigo, Tempo,
que nos levas à plenitude da morte!
Paz contigo, Coração,

que palpitas em paz
enquanto submerges nas lágrimas!
Paz convosco, Lábios,
que pronunciais alegres palavras de saudação
enquanto provais o fel e o vinagre da vida!
Paz contigo, Alma,
que diriges o leme da vida e da morte
oculto de nós por trás da cortina do Sol!

Contemplações na Tristeza

Os sofrimentos das multidões são como as agonias da dor de dente, e na boca da sociedade existem vários dentes cariados e enfermos. Mas a sociedade rejeita o remédio cuidadoso e paciente, satisfazendo-se com o polimento exterior e revestindo-os com ouro brilhante e reluzente que cega os olhos para a cárie interna. Mas o doente não pode cegar a si mesmo da dor ininterrupta.

Muitos são os dentistas sociais que se esforçam por sanear os males do mundo, oferecendo obturações de beleza, e muitos são os sofredores que cedem ao desejo dos reformadores e, com isso, aumentam seu próprio sofrimento, veem sua força minguante declinar ainda mais e se iludem mais seguramente no abismo da morte.

Os dentes cariados da Síria se encontram em suas escolas, onde a juventude de hoje é ensinada para ser a dor de amanhã. Em seus tribunais de justiça, onde os juízes torcem e brincam com a lei como um tigre brinca com sua presa. Nos palácios, onde a falsidade e a hipocrisia prevalecem. Nas choupanas dos pobres, onde moram o medo, a ignorância e a covardia.

Os dentistas políticos de dedos macios derramam mel nos ouvidos do povo, gritando que estão tapando os buracos da fraqueza da nação. Sua canção é feita para soar mais alto que o som do moinho que corrói as forças, mas na verdade não é mais nobre do que o coaxar dos sapos no pântano malcheiroso.

Muitos são os pensadores e idealistas neste mundo de vacuidade... e como são pálidos seus sonhos!

A beleza pertence à juventude, mas a juventude para quem esta Terra foi criada não passa de um sonho, cuja doçura está escravizada a uma cegueira que se torna consciente tarde demais. Jamais chegará o dia em que os sábios reunirão os sonhos doces da juventude com a alegria do conhecimento? Cada um deles não é nada quando em existência solitária. Jamais chegará o dia em que a natureza será a mestra do homem, e a Humanidade seu livro de devoção, e a Vida sua escola diária?

A meta de alegria da juventude — arrojada em seu êxtase, mas branda em sua responsabilidade — não pode ser cumprida até que o conhecimento anuncie a aurora daquele dia.

Muitos são os homens que maldizem com veneno os dias mortos de sua juventude. Muitas são as mulheres que execram seus anos desperdiçados com a fúria da leoa que perdeu os filhotes. E muitos são os rapazes e moças que estão usando seus corações apenas para agasalhar as adagas das amargas lembranças do futuro, ferindo-se, por ignorância, com as flechas afiadas e envenenadas que os isolam da felicidade.

A idade avançada é a neve da terra. Ela deve, através da luz e da verdade, dar calor às sementes da juventude, protegendo-as e fazendo-as cumprir sua meta até que o *nisã*[1] venha e complete o crescimento da vida pura da juventude com um novo despertar.

Estamos caminhando devagar demais rumo ao despertar de nossa elevação espiritual, e somente esta elevação, tão interminável quanto o firmamento, é o entendimento da beleza da existência por meio de nossa afeição e de nosso amor por esta beleza.

---

1. *Nisã*: termo de origem aramaica, *nisã* (ou *nisan*) é abril no calendário cristão e corresponde ao sétimo mês no calendário israelita. (N.T.)

O fado me carregou até a corrente dolorosa da civilização moderna e estreita, tirando-me de entre os braços da natureza em seu pomar verde e fresco e colocando-me asperamente sob os pés das multidões, onde caí como presa sofredora das torturas da cidade.

Nenhum castigo mais severo jamais se abateu sobre um filho de Deus. Nenhum exílio mais amargo jamais se tornou o quinhão de alguém que ama cada talo da grama da terra com um fervor que faz tremer cada fibra de seu ser. Nenhum confinamento imposto a um criminoso jamais se aproximou, em seu enclausuramento, da miséria de meu cárcere, pois as paredes estreitas de minha cela estão machucando meu coração.

Podemos ser mais abastados em ouro do que os aldeões, mas eles são infinitamente mais ricos em plenitude de verdadeira existência. Nós semeamos na fartura, mas nada colhemos. Eles colhem a graça generosa concedida pela natureza aos filhos diligentes de Deus. Nós calculamos cada negócio com astúcia. Eles extraem os produtos da natureza com honestidade e paz. Nós dormimos sobressaltados, vendo os espectros do dia seguinte. Eles dormem como uma criança no seio da mãe, sabendo que a natureza nunca recusará o fruto costumeiro.

Somos escravos do lucro; eles são os mestres da satisfação. Na taça da vida tomamos amargura, desespero, medo e esgotamento; eles tomam o mais puro néctar das bênçãos de Deus.

Oh, Doador das Graças, oculto de mim por trás desses edifícios urbanos que não passam de ídolos e imagens... ouve os gritos angustiados de minha alma aprisionada! Ouve as agonias de meu coração a explodir! Tem misericórdia e devolve Teu filho perdido à montanha, que é Teu edifício!

O Cortejo

Nota de apresentação

O motivo por que Gibran escreveu esta obra provavelmente se encontra em seus intermináveis esforços por analisar a sociedade humana, seus costumes, leis e regras. Na sociedade, Gibran percebe uma geral falsidade de vida que afasta as pessoas da verdade, exaltando algumas e humilhando outras. Ele alerta que nenhum indivíduo pode experimentar a plenitude da vida e gozar os dons da natureza enquanto seu próximo estiver apegado à cobiça para realizar sua meta.

Para ilustrar esses preceitos, Gibran escolhe duas personagens metafóricas. A primeira é a *Velhice*, representada por um velho arqueado, que vive na cidade e sofre com as leis, tradições, heranças e corrupções humanas. Exausto do burburinho sufocante, parte para o campo a fim de relaxar suas mãos trêmulas e meditar. Lá ele encontra a *Juventude*, simbolizada por um rapaz belo e robusto, cujos olhos só viram as árvores, as montanhas e os riachos, cujo corpo só inala o ar puro e cujos ouvidos só ouviram o canto dos arroios e das aves, o assobio do vento através das folhas de outono.

Neste encontro, *Juventude* carrega uma flauta na mão,

preparando-se para saudar a natureza com sua eterna melodia do campo aberto. *Velhice* e *Juventude* discutem livremente suas respectivas concepções de vida, com *Velhice* comentando que nada, a não ser o mal e a miséria, é criado na cidade pela sociedade humana, enquanto *Juventude* insiste que só levando uma vida próxima do coração da natureza o coração da pessoa encontra prazer e satisfação plena, enchendo os domínios do coração em sua totalidade com a alegria simples, dada por Deus.

Por meio deste debate entre *Velhice* e *Juventude*, revelam-se as ideias de Kahlil Gibran sobre vida, morte e religião. Ele não propõe que todas as pessoas abandonem a vida urbana pela vida nas montanhas, mas esforça-se por chamar a atenção para uma fórmula simples para uma vida melhor, e insta as pessoas a se soltarem das algemas tilintantes da sociedade e aproveitarem, tanto quanto possível, a liberdade natural e a tranquilidade da existência rural. O campo que Gibran descreve é simbólico da vida de rica plenitude que surge no coração da pessoa que habita perto da terra.

Por causa do caráter nebuloso e intraduzível da língua árabe, esta peça-poema pode ser chamada de "A Procissão e a Cavalgada". Levando em consideração a tristeza de Gibran aqui refletida, o tradutor determinou que "O Cortejo" seria mais adequado, como título, às intenções do autor. Esta mesma indefinitude, inerente ao árabe, exigiu às vezes um distanciamento da tradução estrita para que a poderosa mensagem de Gibran fosse captada intacta.

Velhice
Em verdade, as boas ações dos homens sempre são feitas, mas quando o homem se vai o mal não perece com ele. Como rodas giratórias, somos controlados pelas mãos do tempo, onde quer que o homem resida. Não digas: "Este homem é famoso e sábio, ou é um mestre de sabedoria enviado pelos anjos", pois na cidade o melhor dos homens é só um num rebanho, conduzido pelo pastor com voz forte. E aquele que não segue o comando deve logo se apresentar a seus algozes.

Juventude
Não há pastor para os homens no belo campo, nem ovelha para apascentar, nem corações para sangrar. O inverno se vai com seu véu e a primavera deve vir, mas só pelo grande comando de Deus. Teu povo nasceu escravo, e por teus tiranos suas almas são despedaçadas. Aonde quer que vá o líder, lá vão elas, e ai daquele que recusar! Dá-me minha flauta e deixa-me cantar, e através de minha alma deixa a música soar. O canto da flauta é mais sublime do que toda a glória dos reis em todo o tempo.

Velhice
A vida em meio às multidões não passa de um sono breve e induzido por drogas, misturado com sonhos dementes, espectros e medos. O segredo do coração está encaixotado no pesar, e somente no pesar se encontra nossa alegria, enquanto a felicidade serve apenas para ocultar o mistério profundo da vida, e se eu tivesse de abandonar o pesar pela calma dos campos nada além do vazio seria o meu quinhão.

Juventude
A alegria de um é o pesar do outro, e não existe pesar no belo campo, nem tristeza trazida por feitos desdenhosos. A brisa travessa traz alegria aos corações tristes, e teu pesar de coração é somente um sonho de fantasia, que passa veloz, como um riacho

apressado. Teu pesar desapareceria no campo, como a folha de outono é levada embora na correnteza do arroio, e teu coração ficaria calmo, como o vasto lago é calmo sob as grandes luzes de Deus. Dá-me a flauta e deixa-me cantar, e através de minha alma deixa a música soar. Só a melodia do céu permanecerá para sempre, todos os objetos mundanos são fúteis.

Velhice
Poucos são os satisfeitos com a vida e os despreocupados. O que o rio do campo transporta é o vazio. O rio da vida humana foi desviado para velhas taças de conhecimento e presenteado ao homem que bebe da riqueza da vida, mas não ouve seus avisos. Ele fica alegre quando as taças são de felicidade, mas resmunga quando ora a Deus e pede pela opulência que mal merece. E, quando atinge seu objetivo de riquezas de ferro, seus sonhos de medo o escravizam para sempre. Este mundo não passa de uma adega cujo dono é o Tempo, e os bêbados exigem demais para o pouco que oferecem.

Juventude
Não há vinho na beleza do campo, pois a embriaguez gloriosa da alma é o prêmio de todos os que a buscam no seio da natureza. A nuvem que esconde a Lua tem de ser perfurada com ardor se alguém precisar ver a luz da Lua. As pessoas da cidade abusam do vinho do Tempo, pois o consideram como um templo e tomam dele com facilidade e insensatez, e saem a correr, mergulhando na velhice com um pesar fundo e inconsciente. Dá-me a flauta e deixa-me cantar, e através de minha alma deixa a música soar. O canto de Deus deve permanecer para sempre e todas as outras coisas devem se dissipar.

Velhice
A religião para o homem é como o teu campo, pois é plantada com esperança e cultivada pelos fiéis; ou é vigiada pelo ignorante trépido, temeroso do fogo do inferno; ou é semeada pelo forte na riqueza de ouro vazio que olha para a religião como se fosse algum

tipo de negócio, sempre buscando lucro em prêmios mundanos. Mas seus corações estão perdidos, apesar de suas palpitações, e o produto de sua lavoura espiritual é apenas a indesejada erva daninha do vale.

Juventude
Não há religião no campo divino e belo, nem heresia, nem cor, nem credo, pois quando o rouxinol canta tudo é beleza, alegria e religião, e o espírito é abrandado, e o prêmio é a paz. Dá-me a flauta e deixa-me cantar, a prece é minha música, o amor é minha corda. O lamento da flauta certamente ecoará a miséria dos que vivem na prisão da cidade.

Velhice
Que é da justiça e sua lei mundana que nos faz rir e chorar? Pois o criminoso que é fraco e pobre está destinado à cela estreita ou à morte. Mas a honra e a glória se destinam ao rico, que esconde seus crimes por trás de seu ouro e sua prata e sua glória herdada.

Juventude
Tudo é justiça no campo da natureza. A ninguém a natureza concede desprezo ou favor. As árvores crescem no caminho umas das outras, mas, quando a brisa se puser a correr, todas balançarão. A justiça no campo é como a neve, pois ela cobre todas as coisas, e quando o Sol aparece, todas as coisas devem emergir em força, beleza e fragrância. Dá-me a flauta e deixa-me cantar, pois o canto de Deus é tudo. A verdade da flauta permanecerá para sempre, enquanto os crimes e os homens são mero desdém.

Velhice
As pessoas da cidade estão enredadas na teia do tirano, que ruge furioso quando envelhece. Na toca do leão existe um cheiro, e esteja o leão presente ou não a raposa não se aproximará. O estorninho é tímido quando se eleva no infinito, mas a águia é orgulhosa, mesmo quando morre. Só a força do espírito é o poder dos poderes, e com o tempo esmagará tudo o que se lhe opuser.

Não condenes, mas apieda-te dos infiéis, de sua fraqueza e de sua ignorância, de sua nulidade.

Juventude
O campo não vê o fraco nem o forte, pois para a natureza todos são um e todos são fortes. Quando o leão ruge, o campo não diz: "É uma fera terrível, vamos fugir!". A sombra do homem passa veloz em sua breve e melancólica visita à terra, e repousa no vasto firmamento da ideia, que é o campo do céu. E, como folhas de outono que caem no coração da terra, tudo deve de novo aparecer na grande primavera da juventude colorida, bela em seu renascimento. E a folha da árvore vibrará em vida pulsante depois que os objetos substanciais do homem perecerem na névoa e no esquecimento. Dá-me a flauta e deixa-me cantar, pois meu canto trará a força da alma. A flauta celestial por muito tempo será querida, enquanto a avareza humana logo perecerá.

Velhice
O homem é fraco por suas próprias mãos, pois ele remodelou a lei de Deus segundo sua própria maneira limitada de viver, acorrentando-se com os ferros toscos das regras sociais que desejou. E é inabalável ao recusar a consciência da grande tragédia que lançou sobre si, sobre seus filhos e seus netos. O homem ergueu sobre esta Terra uma prisão de disputas da qual já não consegue escapar, e a miséria é seu quinhão voluntário.

Juventude
Para a natureza todos são vivos e todos são livres. A glória mundana do homem é um sonho vazio, que se esvai como as bolhas do riacho borbulhante. Quando espalha suas flores sobre as plantas menores que crescem embaixo dela, a amendoeira não diz: "Como sou rica! Como elas são pobres!". Dá-me a flauta e deixa-me cantar, e através de minha alma deixa a música soar. A melodia de Deus nunca definhará, ao passo que tudo na Terra é vão.

Velhice
A ternura das pessoas não passa de uma casca vazia, que não contém nem gema nem pérola preciosa. As pessoas vivem com dois corações: um pequenino, de suavidade profunda, e o outro, de aço. E a ternura, no mais das vezes, é um escudo, enquanto a generosidade, frequentemente, é uma espada.

Juventude
O campo tem apenas um único grande coração. O salgueiro vive ao lado do carvalho, e não tem medo de sua força ou de seu tamanho. E as vestes do pavão são magníficas de olhar, mas o pavão desconhece se elas são um objeto de beleza ou de feiura. Dá-me a flauta e deixa-me cantar, e através de minha alma deixa a música soar. Pois a música é o hino dos mansos, mais poderoso que os fortes e os fracos.

Velhice
As pessoas da cidade fingem grande sabedoria e conhecimento, mas sua fantasia permanece falsa para sempre, pois não passam de especialistas em imitação. Orgulham-se de calcular se um negócio trará perda ou prejuízo. O idiota se imagina um rei e nenhum poder consegue alterar seus grandes pensamentos e sonhos. O tolo orgulhoso confunde seu espelho com o céu e sua sombra com a Lua que lampeja bem alto no céu.

Juventude
Nenhum esperto ou garboso habita o campo, pois a natureza não precisa de beleza nem de doçura. O riacho corrente é doce néctar, e ele se alarga e tranquiliza, e reflete apenas a verdade de seus vizinhos e de si mesmo. Dá-me a flauta e deixa-me cantar, e através de minha alma deixa a música soar. O lamento da flauta é mais divino que a taça dourada de vermelho vinho.

Velhice
O tipo de amor por que o homem luta e morre é como a moita que não dá fruto. Somente o amor sadio, como o enorme pesar do

coração, animará e levantará o coração para o entendimento. Quando abusado, ele é o fornecedor da miséria, o prenunciador do perigo, a nuvem negra da escuridão. Se a humanidade conduzisse a cavalgada do amor para um leito de motivo fiel, então o amor renunciaria à batalha. O amor é um belo pássaro, que implora a captura, mas recusa a injúria.

Juventude
O campo não luta para conquistar o trono do amor, pois o amor e a beleza permanecem para sempre em paz e em abundância no campo. O amor, quando buscado com insistência, é uma dor entre a carne e o osso, e somente quando a juventude passa, a dor traz uma sabedoria rica e pesarosa. Dá-me a flauta e deixa-me cantar, e através de minha alma deixa a música soar. Pois o canto é o braço do amor, que desce em beleza das alturas de Deus.

Velhice
O jovem que é visitado por um grande amor, através da verdade da luz do céu, e em quem a sede e a fome lutam para proteger esse amor, é o verdadeiro filho de Deus. E no entanto as pessoas dizem: "É um insano! Não lucra nada com o amor, e aquela a quem ele ama está longe da beleza, e sua dor e seu sofrimento de nada lhe valem!". Piedade para esses ignorantes! Seus espíritos estavam mortos antes que eles nascessem no leito do parto!

Juventude
Nenhuma sentinela, nenhum censor, reside no campo e nenhum segredo é escondido pela natureza. A gazela saltita de alegria ao entardecer e a águia nunca sorri nem franze o cenho, mas todas as coisas no campo são ouvidas, sabidas e vistas. Dá-me a flauta e deixa-me cantar, e através de minha alma deixa a música soar. Pois a música é a maior bênção do coração, uma alegria celestial, um beijo de Deus.

Velhice
Esquecemos a grandeza do invasor, mas recordamos para sempre sua raiva e sua loucura. Do coração de Alexandre a luxúria cresceu forte, e através da alma de Kais a ignorância foi derrotada. O triunfo de Alexandre nada foi senão derrota. A tortura de Kais foi triunfo e glória. Através do espírito, e não do corpo, o amor deve ser exibido, e é para vivificar, não para mortificar, que o vinho é espremido.

Juventude
As lembranças do amante pairam sobre o campo, mas os feitos dos tiranos nunca trazem um pensamento, pois seu crime está registrado no livro da História. Para o amor, tudo na existência é um santuário eterno. Dá-me a flauta e deixa-me cantar, e através de minha alma deixa a música soar. Esquece a crueldade do forte, somente à natureza pertencem todas as coisas. Os lírios foram feitos como taças para o orvalho, e não para o sangue ou para novas poções.

Velhice
A felicidade na Terra não passa de um espectro fugidio e arisco, que o homem cobiça a todo custo em ouro ou tempo. E quando o fantasma se torna realidade o homem logo se cansa dele. O rio corre como um corcel em disparada, rodopiando na planície, transformando-a em pó. O homem se esforça para que seu corpo ofereça as coisas proibidas. E quando as obtém o desejo então se aquieta. Quando vires um homem desviando-se das coisas proibidas que levam ao crime abissal do ser, contempla-o com olhos de amor, pois ele é um preservador de Deus dentro de si.

Juventude
O belo campo é vazio e despido de esperança e de cuidado; não dá ouvidos ao desejo e não anseia em participar de coisa alguma, pois Deus Todo-poderoso lhe ofereceu todas as coisas. Dá-me a flauta e deixa-me cantar, e através de minha alma deixa a música soar. O canto é amor, esperança e desejo, a flauta que vibra é luz e é fogo.

Velhice

O propósito do espírito no coração é escondido, e não pode ser julgado pela aparência exterior. Frequentemente se diz: "Quando a alma tiver atingido a perfeição, então será desligada da vida, pois se a alma fosse um fruto, quando madura, ela cairia da árvore pela força do vento divino". E outro acrescenta: "Quando o corpo repousa na morte, a alma partirá dele, como a sombra do lago desaparece quando o calor abrasador seca seu leito". Mas o espírito não nasceu para perecer, mas sempre germinará e florescerá. Pois, mesmo quando o vento norte sopra e dobra a flor na terra, logo vem o vento sul restaurar sua beleza.

Juventude

O campo não faz distinção entre o corpo e a alma. O mar e a névoa, o orvalho e a neblina são uma coisa só, nublados ou não. Dá-me a flauta e deixa-me cantar, e através de minha alma deixa a música soar. Pois o canto é todo corpo e todo alma, quando vem da profundeza rica do vale dourado.

Velhice

O corpo é o ventre para a tranquilidade da alma, e ali repousa até que a luz nasça. A alma é um embrião no corpo do homem, e o dia da morte é o dia do despertar, pois é a grande era do parto e a rica hora da criação. Mas a nudez da crueldade acompanha o homem e intromete-se na fertilidade do coração da alma. Quantas flores não possuem nenhum perfume no dia de seu nascimento! Quantas nuvens se reúnem no céu, estéreis de chuva, sem derramar nenhuma pérola!

Juventude
Alma nenhuma é estéril no bom campo, e nenhum intruso pode invadir nossa paz. A semente que a tâmara madura contém em seu coração é o segredo da palmeira desde o início de toda a Criação.

Dá-me a flauta e deixa-me cantar, e através de minha alma deixa a música soar; pois a música é um coração que cresce com amor e jorra como uma fonte.

Velhice

A morte é um fim para o filho da Terra, mas para a alma é só um começo, o triunfo da vida. Aquele que abraça a aurora da verdade com seus olhos íntimos estará sempre em êxtase, como o riacho murmurante, mas aquele que dorme sob a luz do dia celestial deve perecer na escuridão eterna que ama. Se alguém se agarra à terra quando desperto, e se acaricia a natureza que é próxima de Deus, então este filho de Deus cruzará o vale da morte como se atravessasse um mero riacho estreito.

Juventude

Não há morte no bom campo, nem covas para sepultamento, nem orações para ler. Quando o *nisã* se vai, a alegria continua a viver, pois a morte remove o toque, mas não a consciência de todo bem. E aquele que viveu uma primavera ou mais possui a vida espiritual de alguém que viveu uma vintena de primaveras. Dá-me a flauta e deixa-me cantar, e através de minha alma deixa a música soar. Pois a música abre o segredo da vida, trazendo paz, abolindo a contenda.

Velhice

O campo tem muito, mas o homem tem pouco. O homem é o espírito de seu Criador na Terra, e tudo no campo foi feito para o homem, mas o homem por vontade própria foge do amor e da beleza de Deus, que estão no lindo campo.

Juventude

Dá-me a flauta e deixa-me cantar! Esquece o que dissemos sobre todas as coisas. A fala é mera poeira, salpicando o éter e perdendo-se no vasto firmamento. O que fizeste tu que seja bom? Por que não adotas o campo como teu abrigo divinal? Por que não abandonas o palácio da cidade ruidosa para escalar os montes, perseguir o riacho, respirar o perfume e festejar com o Sol? Por que não bebes o vinho da aurora em sua grande taça de sabedoria para sopesares os cachos de delicadas frutas da videira, penduradas como candelabros de ouro? Por que não moldas um lençol com o céu infinito e um leito com as flores, de onde possas contemplar a terra de Deus? Por que não renuncias ao futuro e esqueces o passado? Não tens nenhum desejo de viver como nasceste para viver?

Despede tua miséria e abandona todas as coisas de substância, pois a sociedade não passa de alarido, desgosto e peleja. Ela é somente a teia da aranha, o túnel da toupeira. A natureza te saudará como um dos seus, e tudo o que é bom existirá para ti. O filho do campo é o filho de Deus.

Velhice

Viver no campo é minha esperança, minha ânsia e meu desejo, e por uma vida assim, de beleza e paz, eu imploro. Mas a vontade férrea do destino depositou-me no colo da cidade, e o homem possui um fado que impele seus pensamentos, ações e palavras, e como se não bastasse dirige seus passos para um lugar de residência indesejada.

IMPRESSÃO E ACABAMENTO:
YANGRAF Fone/Fax: *2095-7722*
www.yangraf.com.br